Susanne Oberlack, Ulla Steuter, Helmut Heinze

**Lisa und Dirk –
Sie treffen sich, sie lieben sich und dann?**

Geschichten und Bilder zur Sozial-
und Sexualerziehung an Sonderschulen

Susanne Oberlack, Ulla Steuter, Helmut Heinze

Lisa und Dirk – Sie treffen sich, sie lieben sich und dann?

Geschichten und Bilder zur Sozial- und Sexualerziehung an Sonderschulen

verlag modernes lernen - Dortmund

© 1997 verlag modernes lernen, Borgmann KG, D-44139 Dortmund
Herstellung: Löer Druck GmbH, Dortmund
Illustrationen: Helmut Heinze

 Bestell-Nr. 3628   ISBN 3-8080-0378-2

Urheberrecht beachten!

Alle Rechte der Wiedergabe, auch auszugsweise und in jeder Form, liegen beim Verlag. Der Käufer dieses Buches ist berechtigt, von diesem Arbeitsmaterial Kopien *für den nichtgewerblichen Gebrauch* anzufertigen.

Inhalt

Wie kommen „Lisa und Dirk" in den Sexualunterricht an Sonderschulen? – Grundsätzliches zur Sozial- und Sexualerziehung und Hinweise zur Benutzung der Geschichten und Bilder	7
Anleitung zum Rollen- und Identifikationsspiel	15
Hinweise zur Elternarbeit	17
Lisa und Dirk stellen sich vor	20

1. **Lisa und Dirk lernen sich kennen** — 21
   Erstes Verliebtsein spüren – Wie spreche ich einen interessanten Menschen an?

2. **Lisa und Dirk treffen sich** — 29
   Absprachen treffen, ohne die eigenen Bedürfnisse und Pflichten zu vernachlässigen

3. **Erste Zärtlichkeiten** — 37
   Wie zeige oder sage ich dem anderen, daß ich ihn/sie ganz besonders mag?

4. **Lisa unterhält sich mit Michael** — 43
   Besitzansprüche und Eifersucht

5. **Der erste Kuß** — 49
   Küssen-Wie geht das? – Lust auf intensivere Nähe

6. **„Ich möchte das nicht."** — 53
   Unterschiedliche sexuelle Wünsche

7. **„Meine kleine Schwester nervt und stört."** — 61
   Recht auf Intimität – Auseinandersetzung mit den Eltern

8. **„Wenn du mich liebst, kannst du das doch für mich machen."** — 67
   Was „muß" man aus Liebe machen? Erkennen der eigenen Wünsche und die Abwehr unangemessener Forderungen

9. **„Ich finde das ungerecht, daß ich beim Schwimmen zugucken muß."** — 75
   Menstruation – Hygiene – Benutzung eines Tampons

10.	„Ich habe aber keine Lust dazu." *„Pflicht" zur gemeinsamen Freizeitgestaltung ?*	83
11.	„Es ist jetzt Schluß zwischen uns." – Katrin und Michael trennen sich *Trennung – Trauer – Enttäuschung*	89
12.	**Lisa und Dirk sind zärtlich miteinander** *Petting – Umgang mit Scham – Exkurs: Massageübungen*	99
13.	**Lisa onaniert** *Lust am eigenen Körper – Frage des „Wie", „Wann" und „Wo"*	109
14.	**Dirk onaniert** *Umgang mit dem Samenerguß – Schuldgefühle*	119
15.	**Lisa und Dirk gehen zusammen zu „Pro Familia"** *Verhütungsmittel – Aids*	129
16.	**Lisa geht zu einer Frauenärztin** *Gynäkologische Geräte und Untersuchung – Pille*	137
17.	**Lisa und Dirk schlafen das erste Mal miteinander** *Verhütung – Aufregung – hohe Erwartungshaltung*	149
18.	**Lisa hat schlechte Laune** *Umgang mit Streß und schlechter Laune beim Partner*	165
19.	**Lisa und Dirk schlafen das zweite Mal miteinander** *Orgasmus*	173
20.	**Lisa wird belästigt** *Sexuelle Gewalt*	189
21.	**Lisa hat Kummer** *Umgang mit Problemen – Gespräch mit einer Vertrauensperson*	201
22.	**Lisa und Dirk schmusen miteinander** *„Muß" man immer miteinander schlafen? – Petting genießen*	213

Lisa und Dirk verabschieden sich — 222
Kommentierte Medien- und Literaturliste
Bücher für Lehrerinnen, „die noch nicht alles wissen" — 223
Bücher zur Vorbereitung des Unterrichts — 224
Bücher, die im Unterricht eingesetzt werden können — 229
Bücher zum Vor- und Selberlesen — 233
Anschauungsmaterialien — 235
Adressenverzeichnis — 237

Wie kommen „Lisa und Dirk" in den Sexualunterricht?

Grundsätzliches zur Sozial- und Sexualerziehung und Hinweise zur Benutzung der Geschichten und Bilder

Die besonderen Voraussetzungen des Themas

Kaum ein Thema ist für uns Menschen so wichtig und gleichzeitig so schwierig, wie der Umgang mit unserer Sexualität. Über viele persönliche Themen können wir mittlerweile offen miteinander reden, geht es aber um sexuelle Probleme und um Fragen, die unsere Partnerschaft betreffen, ist dies aufgrund von Scham, Hemmungen, Ängsten oft nur in Ansätzen oder auch gar nicht möglich. Zwangsläufig begegnen wir dieser Unsicherheit und Sprachlosigkeit auch, wenn wir diesen Themenkomplex für den Unterricht mit lern- und geistigbehinderten Schülern mit ihren besonderen Lernvoraussetzungen vorbereiten wollen.
Die Intimität des Inhalts auf der einen Seite und auf der anderen Seite das Bedürfnis der Schüler, handlungsorientiert zu lernen, machen den Unterricht schwierig.

Sexualerziehung ist Sozialerziehung und keine bloße Wissensvermittlung

Bei Sichtung der Medien und Unterrichtsmodelle zum Thema „Sexualität" fiel uns auf, daß der Markt reichlich Material zu Themen wie Menstruation, Verhütung, Zeugung und Schwangerschaft anbietet. Diese Materialien sind hilfreich und notwendig, wenn es darum geht, medizinische Fragen zu klären und Sachwissen zu vermitteln. Meistens ist die ausführliche Darstellung des Sachwissens für unsere Schüler zu komplex und entspricht häufig nicht ihren Fragestellungen.
Der Themenkomplex Sexualerziehung beinhaltet aber wesentlich mehr als nur die Klärung medizinischer Fragen. Dies gilt für Schüler an Schulen für Lern- und Geistigbehinderte in noch stärkerem Maße, weil für die meisten dieser Schüler viele Sachzusammenhänge zu abstrakt und damit unverständlich bleiben werden.
Von daher war es uns wichtig, ein Konzept zu entwickeln, das zwar Sachwissen vermittelt, seinen Schwerpunkt aber an anderer Stelle setzt.

Sexualität berührt uns als individuelles (Wer bin ich? Was möchte ich?) und auch als soziales Wesen (Wie äußere ich meine Wünsche? Wie gehe ich mit den Wünschen meines Partners/meiner Partnerin um?) in unserem innersten Kern.

Dabei geht es um mein Selbstbild, meine Gefühle und meine Kommunikations- und Beziehungsfähigkeit. Von daher muß der Sexualunterricht offen für solche Fragen sein.

Indem er über eine bloße Wissensvermittlung hinausgeht, ist er damit gleichzeitig auch Sozialunterricht. Dies wird in den Rahmenrichtlinien für den Sexualunterricht zunehmend auch gefordert.

Unterrichtsmaterialien für Sonderschulen mit einem solchermaßen erweiterten Verständnis von Sexualerziehung, die sich mit der Freundschafts- und Beziehungsthematik beschäftigen, sind uns nicht bekannt.

Wie „Lisa und Dirk" entstanden sind

Aus dieser Notwendigkeit heraus entstanden für unsere Oberstufenklasse einer Schule für Geistigbehinderte die Geschichten von der ersten Liebesbeziehung zwischen Lisa und Dirk sowie ihren Klassenkameraden Katrin und Michael.

Sie stellen den Versuch dar, die Schüler mit einer Modellbeziehung zu konfrontieren, an der die Schüler lernen und mit deren Hauptpersonen sie sich gut identifizieren können. Wir haben versucht, alle typischen Fragestellungen einer ersten Liebesbeziehung in die Geschichten aufzunehmen.

Dabei geht es um wichtige Beziehungsaspekte, angefangen vom Beschreiben des Gefühls Verliebt-zu-sein, um Eifersucht, Streit, Auseinandersetzung mit den Eltern, Scham, Verhütung bis zur Beschreibung von sexuellen Praktiken wie Selbstbefriedigung, Petting und Geschlechtsverkehr. Der Besuch einer sexualpädagogischen Beratungsstelle und die erste Untersuchung bei einer Frauenärztin werden beschrieben. Die Aspekte Trennung und sexuelle Gewalt werden auch thematisiert.

Die klaren Beschreibungen von sexuellen Vorgängen mögen für die eine oder andere Leserin befremdlich für den Schulunterricht erscheinen, aber eine ausschließlich sachliche Beschreibung wird diesem Thema in seiner Ganzheitlichkeit nicht gerecht.

In allen, außer der Geschichte zur Trennung (Kap. 11), spielen Lisa und Dirk bzw. einer von beiden die Hauptrolle(n). Katrin und Michael, deren Beziehung in Kap. 11 zu Ende geht, sind Klassenkameraden von Lisa und Dirk und werden in den vorangehenden Geschichten bereits erwähnt. Unsere Schüler hätte eine endgültige Trennung von Dirk und Lisa sehr enttäuscht. Da aber davon auszugehen ist, daß Trennung, Abschied, Wut und Trauer wichtige Aspekte von Beziehungen sind, haben wir in dieser Geschichte auf Katrin und Michael als Hauptpersonen zurückgegriffen.

Dirk und Lisa zeigen ein aktives und passives Sprachvermögen, das weder bei geistigbehinderten noch bei lernbehinderten Schülern zu finden ist. Wir halten dieses „Konstrukt" für notwendig im Sinne eines Lernens am Vorbild.

Vielleicht stört es manche Leserin, daß Lisa und Dirk in einer zugegeben heilen Welt leben, die für jedes Problem prompt eine Lösung bereit hält. Aus methodischen Gründen halten wir auch dies für angebracht, um die Schüler zu ermutigen, auch bei schwierigen Problemen zumindest den Versuch zu unternehmen, nach einem Gespräch, einer Lösung zu suchen. Die besondere Situation einer Partnerschaft zwischen zwei Menschen mit Behinderungen wird nicht explizit thematisiert. Nach unseren Erfahrungen problematisieren behinderte Schüler dieses Thema in ihren ersten Beziehungen normalerweise noch nicht. Der Aspekt eines besonderen Unterstützungsbedarfs behinderter Jugendlicher wird aber in unseren Geschichten nicht ausgeklammert. An der großen Bedeutung, die die Eltern der beiden und der ältere Bruder von Dirk in einzelnen Geschichten haben, wird deutlich, daß Lisa und Dirk bei der Bewältigung ihrer Probleme oft Hilfe benötigen. Es ist davon auszugehen, daß bei nichtbehinderten Jugendlichen der Einfluß und die Bedeutung der Eltern erheblich geringer sind.

Methodische Umsetzung von „Lisa und Dirk"

Die Geschichten können sowohl vorgelesen als auch erzählt werden. Zu jeder Geschichte gehören zwischen 2 und 10 Abbildungen, die als Kopiervorlagen verwendet werden können. Die Abbildungen erleichtern den Schülern das Verständnis der einzelnen Geschichten und regen sie zu Fragen und Anmerkungen an.

In jeder Geschichte wird nur eine Hauptfragestellung thematisiert. Mit einer Ausnahme werden alle Geschichten zwischendurch unterbrochen, um mit den Schülern zur entsprechenden Fragestellung einen Lösungsvorschlag zu erarbeiten. Unser jeweils vorgeschlagener Lösungsansatz kann selbstverständlich verändert werden, wenn die Schüler eine andere Lösung bevorzugen. Jede Geschichte ist so geschrieben, daß sie auch einzeln erarbeitet werden kann.

Wem unser vorgeschlagener Text zu lang ist, kann diesen selbstverständlich kürzen. Für Schüler mit einem geringen Textverständnis bie-

tet es sich an, die Bilder gemeinsam zu betrachten und in wenigen Sätzen das Wichtigste zu benennen.
Methodische Hinweise zur Erarbeitung werden in jedem Kapitel genannt. Auch hier kann natürlich beliebig ausgesucht und erweitert werden. Neben dem Unterrichtsgespräch und der Diskussion haben wir in der Arbeit mit unseren Schülern Rollen- und Identifikationsspiele als sehr sinnvoll erlebt. Diese Rollenspiele sind grundsätzlich so angelegt, daß immer nur zwei Personen gleichzeitig spielen. Hierbei kann der Schüler unterschiedliche Verhaltensweisen einüben, Fragen stellen und Ansichten äußern, sich aber schützend hinter die Rolle zurückziehen und so seine Intimsphäre wahren (siehe: Anleitung zum Rollen- und Identifikationsspiel S.15).
Wir haben die Erfahrung gemacht, daß alle Schüler, auch die leistungsschwächeren, Spaß am Rollenspiel hatten und großes Interesse daran zeigten. Die sprachstärkeren Schüler ließen sich durch die Gespräche zwischen Lisa und Dirk anregen, in ihren Rollen ihre Wünsche, Bedürfnisse und Lösungsideen zu formulieren, auch in der Auseinandersetzung mit der Lehrerin, die oft die zweite Rolle im Spiel übernahm.
Die sprachschwächeren Schüler übernahmen gerne Handlungsweisen der sprachstärkeren Schüler. Mit Lehrerunterstützung äußerten sie sich verbal und ließen sich auch zu nonverbalen Kommunikationsmöglichkeiten anregen.
Im Wechsel mit der Auseinandersetzung mit einer Geschichte fanden Unterrichtsstunden statt, in denen Massageübungen den Schwerpunkt bildeten (siehe: Exkurs zu Massageübungen, S.102). Gerade für die sprachschwächeren Schüler war dieser Wechsel wichtig. Hier lernten sie in der konkreten Situation, Bedürfnisse und Wünsche zu entwickeln, diese verbal oder nonverbal zu äußern und auf die Wünsche und Bedürfnisse ihrer Partner einzugehen bzw. diese abzulehnen. Die Schüler wurden darauf aufmerksam gemacht, daß solche Übungen in der Öffentlichkeit nicht akzeptiert werden, sondern daß dafür nur private Räume genutzt werden dürfen. Wenn in einer Klasse ein offenes und vertrauensvolles Klima herrscht, halten wir es für erlaubt, den Klassenraum in diesem Sinne auch als einen privaten Raum zu verstehen. Es verbietet sich von selbst, solche Übungen bei einer neu zusammengesetzten Klasse oder in Gegenwart von Besuchern, durchzuführen. Die Schüler wurden auch darauf hingewiesen, daß für bestimmte sexuelle Praktiken (Selbstbefriedigung, Geschlechtsverkehr) der Klassenraum jedoch nicht privat genug ist, und diese nur im eigenen Zimmer erlaubt sind.
Manche Themen wie z.B. Homosexualität, Schwangerschaft, Sterilisati-

on, Prostitution, Vergewaltigung werden nur am Rande bzw. nicht erwähnt. Wenn Fragen der Schüler nach diesen Themen kommen, halten wir es für selbstverständlich, diese zum Inhalt des Unterrichts zu machen. Gerne möchten wir dazu anregen, neue Geschichten von Lisa und Dirk zu schreiben.

Rahmenbedingungen für den Unterricht mit „Lisa und Dirk"

An der Schule für Lernbehinderte könnte ab Klasse 6 mit einer Reihe zu „Lisa und Dirk" begonnen werden. Geistigbehinderte Schüler könnten etwa ab dem 14. Lebensjahr mit den Geschichten konfrontiert werden, wobei nach oben keine Altersgrenze gesetzt werden kann.

Bei der Unterrichtsplanung darf natürlich das soziale Umfeld, aus dem die Schüler kommen, nicht vergessen werden. Der Umgang mit Sexualität unterliegt vielfältigen Normen und Werten, wobei davon auszugehen ist, daß die im Elternhaus vorherrschenden Normen und Werte gerade auf behinderte Schüler einen sehr großen Einfluß haben (siehe: Hinweise zur Elternarbeit, S.17).

Unsere vermittelte Regel lautet: Alles ist erlaubt, wenn es beide Partner wirklich möchten und es ihnen Freude macht.

Da die „Freude" aber weitreichende Folgen haben könnte, ist ein verantwortlicher Umgang mit Verhütungsmitteln notwendig. Dabei benötigt der behinderte Schüler in der Regel Unterstützung und lernt in den Geschichten verschiedene Ansprechpartner kennen.

Die Lehrerin darf nicht ausschließen, daß sich in ihrer Klasse Schüler und Schülerinnen befinden, die von sexueller Gewalt betroffen sind bzw. waren. Dies kann neben der Rolle des Opfers auch die Rolle des Täters sein. In dieser Situation kann der Unterricht natürlich keine Therapie ersetzen. Unterricht kann aber in diesem Zusammenhang als Prophylaxe verstanden werden.

Die Lehrerin kann insofern Hilfe geben, daß sie auf entsprechende Beratungsstellen verweist und es dem Schüler oder der Schülerin, falls dies erwünscht ist, ermöglicht, alleine oder mit ihr zusammen eine entsprechende Stelle aufzusuchen. Wird die Lehrerin zu einer Vertrauten, so ist es wichtig, daß sie sich auch entsprechend beraten läßt, z.B. durch Zartbitter oder Wildwasser.

Nicht auszuschließen ist, daß sich in der Klasse ein Schüler befindet, der mit Aids infiziert ist.

Natürlich ist die Sexualerziehung mit der Reihe von „Lisa und Dirk" nicht abgeschlossen. Der Themenkomplex bedarf in den verschiedenen Klassenstufen auf unterschiedlichem Niveau und mit verschiedenartigen Fragestellungen immer wieder einer neuen Bearbeitung und Auseinandersetzung. Literaturhinweise dazu sind am Ende des Buches zu finden.

Abschließend möchten wir darauf hinweisen, daß, wenn wir von „Schüler" sprechen, wir die Schülerinnen und Schüler einer Klasse meinen. Wenn wir von „Lehrerin" sprechen, meinen wir sowohl Lehrerinnen als auch Lehrer. Bei dieser Entscheidung haben wir uns an der Geschlechterverteilung an Sonderschulen orientiert: Die Mehrzahl der Unterrichtenden sind weiblichen, die Mehrzahl der zu Unterrichtenden sind männlichen Geschlechts. Wir hoffen, so der Gleichberechtigung genüge getan und den Text lesbar gehalten zu haben.

Bei der Literaturangaben haben wir uns auf die Bücher beschränkt, die wir für den Unterricht an Sonderschulen für besonders empfehlenswert halten. Die Literaturangaben in den einzelnen Kapitel erfolgt nur in Kurzform, die ausführliche Literaturangabe ist im Rahmen der kommentierten Literaturliste am Ende des Buches zu finden. (siehe S. 223 ff) Einige wenige Bücher, die nicht in der kommentierten Literaturliste genannt werden, stehen mit vollständiger Angabe in den jeweiligen Kapiteln.

Wir sind uns darüber bewußt, daß wir die Schüler nur in einem begrenzten Rahmen begleiten können, denn letztendlich muß jeder Mensch seinen Weg der sexuellen Entfaltung alleine gehen.

Wir vertrauen darauf, daß die Schüler Anregungen bekommen haben, ihre sexuellen Bedürfnisse wahrzunehmen und diese im häuslichen Bereich zu befriedigen. Welche Formen das sein werden, ist die Entscheidung des einzelnen Schülers. Wir denken, daß es wichtig ist, den Schüler über Geschlechtsverkehr zu informieren, aber auch, daß diese Form des sexuellen Kontaktes nicht als die „wertvollste" und einzige Form anzusehen ist. So schließt die Geschichtenreihe mit einer Geschichte über Petting ab, da Studien belegt haben, daß viele geistigbehinderte Paare diese Form der sexuellen Befriedigung wählen.

Uns ist bei der Auseinandersetzung mit diesem Thema noch einmal deutlich geworden, daß Sexualerziehung vor allen Dingen Sozialerziehung ist. Schüler, die es gelernt haben, ihre Bedürfnisse und Wünsche zu äußern, auf Wünsche und Bedürfnisse eines Partners einzugehen und diese bei Nichtgefallen auch abzulehnen, haben eine wichtige Voraussetzung für eine erfüllte und von Achtung getragene Partnerschaft.

Zum Schluß möchten wir unseren Schülern danken. Dank ihrer Fragen, Ideen und Anregungen sind viele Geschichten erst entstanden. Durch ihre Bereitschaft, engagiert mitzuarbeiten entwickelte sich ein Unterrichtsgeschehen, das auch für uns bereichernd war. Von daher möchten wir andere Lehrerinnen ermutigen, sich auch auf diesen spannenden Weg einzulassen. Über einen Austausch würden wir uns sehr freuen.

Susanne Oberlack Ulla Steuter

Anleitung zum Rollen- und Identifikationsspiel

Viele Geschichten von Lisa und Dirk können im Rollenspiel aufgearbeitet werden. Gerade in der Pubertät und bei Anwesenheit des anderen Geschlechts tun sich die Schüler schwer, über intime Themen zu sprechen. Die Projektionsfiguren Lisa und Dirk bzw. Katrin und Michael bieten den Schülern die Möglichkeit, für sie persönlich relevante Frage- und Problemstellungen auf eine Figur zu übertragen, sie über diese anzusprechen und sich selber dabei zu schützen. Die Rollenspielsituationen sind so arrangiert, daß immer nur zwei Personen in einen Dialog treten. Auch finden diese Szenen jeweils an einem Ort statt. Das erleichtert die Durchschaubarkeit für die Schüler und vereinfacht die Spielsituation.

Als Verkleidung reicht es völlig aus, jede Person mit einem markanten Gegenstand zu versehen. Wir wählten für Dirk eine Uhr, und Lisa trug eine Kette. Diese wenigen Requisiten reichten aus, dem Schüler das Gefühl zu vermitteln, in eine Rolle zu schlüpfen und den Zuschauern zu verdeutlichen, wer gerade wen spielt. Es ist durchaus bei einigen Geschichten dienlich, Jungen die Rolle von Lisa spielen zu lassen und umgekehrt.

Bevor mit dem Spiel begonnen wird, können mögliche Argumente gemeinsam überlegt und ausgetauscht werden. Vorschlage dazu sind in in den einzelnen Kapiteln unter dem Stichwort „Mögliche Interventionen" genannt worden.

Bei geistigbehinderten Schülern ist es sinnvoll, daß eine Rolle von einer Lehrerin besetzt wird. Diese kann dem Vermögen der Schüler entsprechend angemessen reagieren und durch ihre Impulse dem Spiel Akzente geben und Lösungsansätze aufzeigen. Oft sind geistigbehinderte Schüler nur bedingt in der Lage, auf die Äußerungen des Partners zu reagieren, und das Spiel verläuft in stereotypen Wiederholungen. Zeigt ein Schüler Angst oder ist sehr verunsichert, so kann eine zweite Lehrerin ihn in seiner Rolle unterstützen, indem sie sich hinter ihn stellt und ihm Antworten oder Ermutigungen zuflüstert (sogenanntes „Doppel").

Die Mitschüler schauen dem Spiel zu und teilen am Ende den Spielenden mit, wie sie die Spielsituation und den Lösungsvorschlag empfunden haben. Zwischenrufe oder Bewertungen durch die Zuschauer sollten unterbleiben.

Nicht immer eignet sich ein Rollenspiel, weil manche Schüler Hemmungen haben, bestimmte Fragestellungen direkt zu benennen (z.B. Kapitel 12). Trotzdem kann es dienlich sein, sich in die Lage der Personen aus der Geschichte zu versetzen. Dazu empfehlen wir ein Identifikationsspiel. Der Schüler nimmt sich das entsprechende Requisit und versucht, mögliche Gedanken und Gefühle der Rolle zu artikulieren: Wenn ich Lisa/Dirk wäre, würde ich jetzt... oder Lisa fühlt/Dirk fühlt sich... Die Lehrerin kann den Schüler dabei unterstützen, indem sie die Situation von Lisa oder Dirk noch einmal vergegenwärtigt.

Hinweise für die Elternarbeit

Behinderte Schüler sind bei der Verwirklichung ihrer sexuellen Bedürfnisse wie keine andere Schülergruppe auf Unterstützung durch ihre Eltern angewiesen. Eine intensive Zusammenarbeit mit Eltern ist gerade bei diesem Thema unerläßlich. Es hat sich als sinnvoll erwiesen, möglichst früh über die Notwendigkeit und Zielsetzungen von Sexualerziehung zu informieren. Je weniger aktuell das Beziehungsthema für den behinderten Schüler ist, desto emotions- und angstfreier sind Eltern in der Lage, sich damit auseinanderzusetzen.

Eltern begegnen diesem Thema sehr unterschiedlich. Nur noch vereinzelt trifft man auf Eltern, die ihren Kindern aus Sorge vor unkontrolliertem und sexuell überaktivem Verhalten, jeglichen Kontakt mit sexuellen Themen verbieten wollen. Viele Eltern haben Ängste und verdrängen eine Auseinandersetzung mit der Sexualität ihrer Kinder. Eine Verdrängung dieses Themas erschwert ihren Kindern eine angstfreie und kreative Auseinandersetzung mit den eigenen Bedürfnissen und Wünschen. Oft ist es die Angst vor einer möglichen Schwangerschaft, die Eltern sexuelle Kontakte ihrer Kinder unterbinden oder unterschwellig boykottieren läßt. Bei muslimischen Eltern sind es manchmal moralische und religiöse Gründe, die eine Sexualerziehung nicht gestatten. Andere haben Hemmungen, mit ihren Kindern über dieses Thema zu sprechen, und erhoffen sich von der Schule, daß sie dies für sie erledigen wird.

Wenn man versucht, die unterschiedlichen Ängste und Sorgen der Eltern zu sehen und einfühlsam mit ihnen umgeht, zeigen unsere Erfahrungen, daß die meisten Eltern dankbar für Hilfestellungen und an einem befriedigenden Sexualleben ihrer Kinder interessiert sind.

Gespräche zwischen betroffenen Eltern haben sich dabei als sehr hilfreich erwiesen. So sehr wir als Lehrerinnen auch versuchen, uns in die Situation der Eltern hineinzuversetzen, so dürfen wir nicht vergessen, daß wir trotzalledem außenstehend bleiben.

Es ist sicherlich am sinnvollsten, als Lehrerin mit den Eltern gemeinsam ein Konzept für die Sexualerziehung der Schüler zu entwickeln, statt vorgegebene Pläne zu übernehmen oder einen eigenen Entwurf durchsetzen zu wollen. Deshalb können wir an dieser Stelle auch kein fertiges Konzept vorstellen, sondern nur Anregungen für mögliche Themen an Elternabenden geben.

Gute Erfahrungen haben wir damit gemacht, gemeinsam mit den Eltern und Schülern ein Wochenende zu verbringen, um dort intensiv an diesem Thema zu arbeiten. In Kooperation mit unterschiedlichen Bildungseinrichtungen läßt sich ein solches Projekt relativ leicht verwirklichen.

Themenvorschläge für Elternabende und/oder Elternwochenenden:

- *Welche Zukunftsperspektiven habe ich für mein Kind?*

Zeigen des Films: Ron Ellis: Nur Kost und Logis (Bread and Care), USA 1979; Im Anschluß daran entwickelt jedes Elternteil eine Zukunftsvision: Ich wünsche meinem Kind am Wohnort:............... am Arbeitsplatz............. im Freizeitbereich:...............im Sexualleben:...............

Die unterschiedlichen Zukunftsvisionen sollten dann diskutiert werden.

- *Welche Fähigkeiten muß ich bei meinem Kind fördern, damit es ein erfülltes Sexualleben führen kann?*

Visionen entwickeln, wie ein solches Leben aussehen kann. Gemeinsam eine Liste von Fähigkeiten aufstellen, die die Schüler benötigen, um ein befriedigendes Sexualleben führen zu können. Ideen und Anregungen sammeln, wie diese Fähigkeiten erlangt werden können. Evtl. aufteilen in Fördermöglichkeiten, welche besser in der Schule und welche besser im Elternhaus durchgeführt werden können. Unter Umständen auf gemeinsame Regeln einigen.

- *Wie können wir unserem Kind eine eigene Intimsphäre ermöglichen?*

Notwendigkeit eines „Intimraums" erarbeiten (siehe Kap. 7), Ideen sammeln und Absprachen über Zeichen vereinbaren.

- *Welche Verhütungsmittel sind für unser Kind geeignet?*

Vorstellen der Verhütungsmittel und Erarbeitung der Vor- und Nachteile für das eigene Kind. Welche Hilfestellung benötigt der Schüler, wenn er diese Mittel anwenden will? Bin ich bereit, ihm diese Unterstützung zu geben?

- *Sterilisation? Befreiung oder Einschränkung der Menschenrechte von Behinderten?*

Austausch über Ansichten, Erfahrungen, rechtliche Grundlagen zu diesem Thema. Gutes Material zu diesem Thema bei der Lebenshilfe (siehe: Positionspapier zur Frage der Schwangerschaftsverhütung bei Menschen mit geistiger Behinderung, Marburg/Lahn, 2/1988, Bundesvereinigung Lebenshilfe).

- *Welche Beratungsstellen gibt es, die Eltern bei Problemen aufsuchen können?*

Information über Beratungsstellen (z.B. Pro Familia, Lebenshilfe, psychosoziale Dienste, Sexualtherapeuten, Selbsthilfegruppen zum Thema „Sexuelle Gewalt") im näheren Umkreis.

- *So stellen wir Lehrerinnen uns die Sexualerziehung unserer Schüler vor*

Vorstellen von Materialien, die im Unterricht eingesetzt werden sollen. Die Lehrerin muß die Eltern bei genehmigten Medien nicht um Erlaubnis fragen. Es stellt sich aber die Frage, ob nicht der Verzicht auf die eine oder andere kritisierte Vorgehensweise oder Darstellung sinnvoller ist, als ein Verzicht auf eine vertrauensvolle Zusammenarbeit. Hier gibt es sicher keine Pauschalregel.

Lisa und Dirk stellen sich vor und erzählen Dir, wie sie sich kennen- und liebengelernt haben, und was dann noch alles passierte...

1. Lisa und Dirk lernen sich kennen

 Die Schüler erfahren, daß Verliebt-Sein ein heftiges Gefühl ist, das den ganzen Menschen erfaßt.

Dirk ist 17 Jahre alt. Er ist mit seinen Eltern und seinem älteren Bruder nach Dortmund gezogen.
Er ist über den Umzug und den Schulwechsel sehr traurig, weil es ihm in Hamburg in seiner alten Klasse sehr gut gefiel, und er dort nette Freunde hatte.
Jetzt ist alles neu für ihn: Eine neue Stadt, eine neue Wohnung, eine neue Lehrerin und neue Klassenkameraden.
„Das ist unser neuer Schüler Dirk. Er kommt aus Hamburg", sagt die Lehrerin Frau Schneider.
Dirk guckt sich die neuen Mitschüler an.
„Nett sehen die aber nicht aus, ich glaube in Hamburg waren die netter", denkt Dirk.
In der Pause weiß er nicht, was er machen soll. Die Jungen sprechen nur über Fußball. Immer wieder reden sie über die Dortmunder Spieler und die letzten Bundesligaspiele. Zu solchen Gesprächen hat er im Augenblick keine Lust.
Er fühlt sich einsam und traurig.
Die Mädchen stehen zusammen, schauen die „Bravo" an und erzählen. Er traut sich nicht, zu den Mädchen zu gehen.
Er stellt sich zu den Jungen und erzählt dann doch ein bißchen über seine Lieblingsmannschaft, die Hamburger: „Die Hamburger haben letzten Samstag gegen München sogar mit 3:0 gewonnen."
Sein Mitschüler Michael aber sagt: „Oh, die Hamburger, die können doch gar nicht Fußballspielen. Das sind doch ganz lahme Enten."
Dirk wird sauer und ruft: „Du spinnst, das stimmt doch gar nicht."
Aber Michael lacht nur.
Da kommt auf einmal Lisa dazwischen und sagt: „Sei du doch still, Michael, du bist doch auch eine lahme Ente und hast gestern erst ein Eigentor geschossen."
Lisa lacht dabei Dirk ganz freundlich an und sagt: „Ärgere dich nicht, Dirk, der Michael hat auf unserer Schule die größte Klappe."
Dirk freut sich, daß Lisa ihm geholfen hat. Sie scheint ja richtig nett zu sein.
Er würde sich gerne mit Lisa unterhalten, aber sie ist schon wieder weg.
„Schade", denkt Dirk.

Lisa steht wieder bei den anderen Mädchen und unterhält sich mit ihnen.

Zuhause erzählt Dirk seiner Mutter: „Die sind gar nicht alle doof in Dortmund, es gibt auch nette Schüler."

Am nächsten Morgen freut Dirk sich das erste Mal darauf, in die neue Schule zu gehen.

Er steht auf dem Schulhof und sieht sich um.

„Wo ist denn Lisa?" Nirgendwo ist sie zu sehen.

„Hoffentlich kommt sie bald", denkt Dirk.

Da kommt Lisa mit ihrer Freundin Katrin an ihm vorbei.

Dirk ruft laut: „Guten Morgen."

„Guten Morgen", sagen die beiden und gehen weiter.

Dirk ist traurig. Was soll er jetzt machen?

Immer wieder sieht er in die Richtung, wo Lisa steht. Sie unterhält sich mit Katrin. Da kommt auch noch Michael und stellt sich dazu. Jetzt unterhält Lisa sich mit Michael. Das findet Dirk schrecklich. Lisa erzählt und lacht. Er guckt immer zu Lisa hin. So schöne Haare hat Dirk noch nie gesehen.

Einfach alles an Lisa ist anders als bei den anderen Mädchen.

Auch im Unterricht möchte Dirk am liebsten immer nur zu Lisa schauen. Wenn Lisa dann zu ihm schaut, dreht er seinen Kopf ganz schnell zur Seite.

„He, nicht träumen", sagt die Lehrerin. In der Pause würde er sich gerne mit Lisa unterhalten, die ist aber immer mit den anderen zusammen, und er traut sich nicht, dahin zu gehen.

„So ein Mist", denkt er. „Warum unterhält sich Lisa immer mit den anderen und nicht mit mir?"

Zuhause geht es ihm richtig schlecht. Er will nichts essen.

„Ist dir schlecht?" fragt die Mutter.

„Ja, ich habe Bauchschmerzen", antwortet Dirk.

„Dann geh doch in dein Zimmer und leg dich auf dein Bett", schlägt die Mutter vor.

Dirk geht in sein Zimmer, legt sich auf sein Bett und denkt ganz lange nach. Immer wenn er an Lisa denkt, schlägt sein Herz viel schneller.

„Ich möchte mich so gerne alleine mit Lisa unterhalten. Wie soll ich das nur machen?"

> **Gespräch: Was ist mit Dirk passiert?**
>
> *Gesprächsimpulse:* Dirk ist glücklich – Dirk ist traurig – Dirk hat Angst – Dirk ist verliebt – Verliebt-Sein ist ein tolles Gefühl – Verliebt-Sein ist ein aufregendes Gefühl – Alle Menschen finden Verliebt-Sein schön – Manche essen ganz viel – Andere essen ganz wenig
>
> Schüler und Lehrerin können auch über eigene Erfahrungen des Verliebt-Seins berichten

Dirk liegt auf seinem Bett und überlegt immer noch: „Was soll ich bloß machen, damit ich einmal mit Lisa alleine sprechen kann? Immer sind Katrin und Michael und auch noch andere in ihrer Nähe. Soll ich ihr vielleicht etwas schenken? Vielleicht eine Tafel Schokolade? Nee, lieber nicht, sonst denkt Lisa noch, daß ich in sie verliebt sei. Oder soll ich sie anrufen? Aber ich habe ja nicht ihre Telefonnummer. Oder soll ich sie einladen, um ihr meine Hamster zu zeigen?"
Diese Idee gefällt ihm am besten.
Er faßt einen Entschluß: „Frau Schneider hat erzählt, daß Lisa nach dem Sport immer die Schnellste ist. Morgen nach dem Sportunterricht werde ich auch ganz schnell duschen und mich noch schneller umziehen, um Lisa alleine in der Klasse zu treffen. Dann können wir uns endlich ungestört unterhalten, und ich lade sie ein, um ihr meine Hamster zu zeigen."
Am nächsten Morgen in der Schule beeilt er sich nach dem Sport sehr. Vielleicht ist auch Lisa so schnell. Er hat Glück, er trifft Lisa in der Klasse und kein anderer ist da.
Dirks Herz schlägt jetzt besonders schnell.
Lisa fragt ihn: „Wie gefällt es dir denn in unserer Klasse?"
Was soll er da nur antworten?
„Och, so ganz gut", sagt er.
„Wo wohnst du denn ?" fragt ihn Lisa.
„Ich wohne in der Mozartstraße."
„Ach, die Straße kenne ich, ich wohne da ganz in der Nähe."
„Dann können wir uns doch mal treffen", schlägt Dirk vor.
„Ja, das können wir ja mal machen", sagt Lisa.
„Hast du Lust bei mir vorbeizukommen? Ich habe zwei süße Hamster, die kann ich dir dann zeigen. Wann hast du denn mal Zeit?"
„Am Donnerstag habe ich Zeit, so gegen vier Uhr. Bist du damit einverstanden?"
„Ja, klar, dann habe ich auch Zeit. Ich wohne übrigens in der Mozartstraße 9."

Weitere Möglichkeiten, das Thema zu vertiefen

Auf einem Körperumriß einzeichnen, welche „Beschwerden" Dirk an welcher Körperstelle hat
z.B. Herzklopfen, Bauchweh, nur an Lisa denken.
Evtl. eigene Erfahrungen dazu berichten.

Identifikationsspiel: Wenn ich Lisa, wenn ich Dirk wäre, würde ich ...
Ein Schüler bekommt Dirks Uhr und kann den Satz beenden: „Wenn ich jetzt Dirk wäre, würde ich Lisa... (z.b. anrufen, ins Kino einladen usw.)
Wenn dieses Satzmuster für einzelne Schüler zu schwierig ist, kann man auch so formulieren: „Dirk soll Lisa..."
Die Uhr wird an jeden Schüler weitergegeben.
Ein Schüler bekommt Lisas Kette und kann den Satz beenden: „Wenn ich jetzt Lisa wäre, wünschte ich mir, daß Dirk..........(z.B. mir eine Blume schenkt, mich anlächelt usw.) oder: „Dirk soll Lisa......" bzw. „Lisa soll Dirk....."
Die Kette wird an jeden Schüler weitergegeben. Die genannten Möglichkeiten können anschließend im Rollenspiel vertieft werden.

Erstellen einer Collage zu dem Thema: So kann ich jemanden kennenlernen – So würde ich jemanden ansprechen.
Ideen dazu in: I. Achilles u. a., Sexualpädagogische Materialien für die Arbeit mit geistig behinderten Menschen, S. 71ff — D. Dittli/H. Furrer, Freundschaft – Liebe – Sexualität: Grundlagen und Praxisbeispiele für die Arbeit mit geistig behinderten Frauen und Männern, S. 55ff

Gespräch: Wie bin ich schon einmal mit einem Wunschpartner in Kontakt getreten?

Gespräch: Warum wollen wir dem anderen/der anderen manchmal nicht zeigen, daß wir uns in ihn/sie verliebt haben?
Nette Bildergeschichte dazu in: S. Schneider/B. Rieger, Das Aufklärungsbuch, S. 70f

1.1

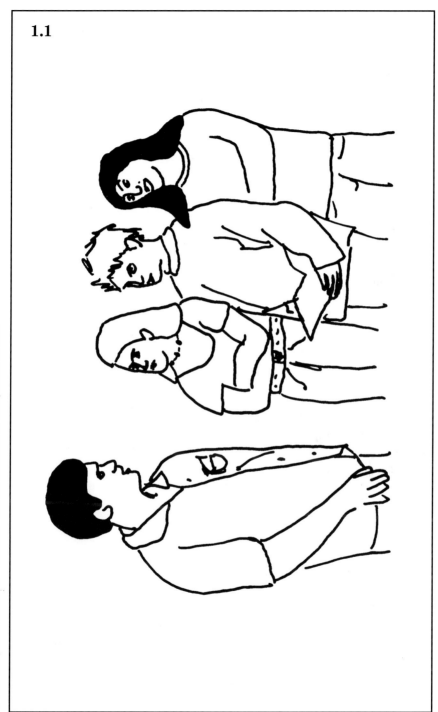

1.2

1.3

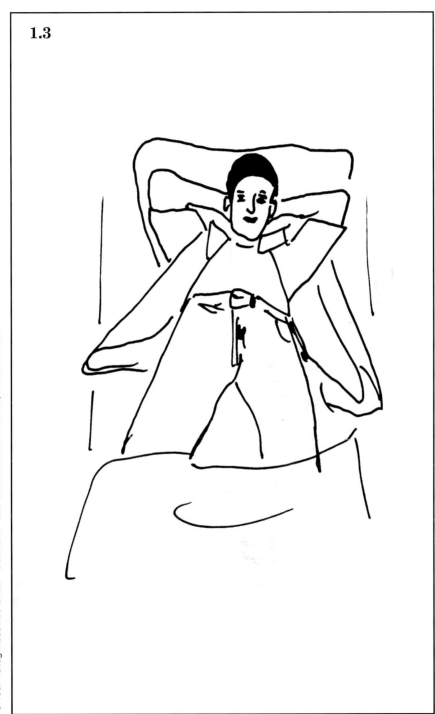

1.4

2. Lisa und Dirk treffen sich

Die Schüler erfahren, daß es oft problematisch ist, dem Wunsch nach ganz viel Kontakt mit dem geliebten Menschen einerseits und den Anforderungen der Umwelt andererseits gerecht zu werden. Sie sollen lernen, daß in solchen Situationen Kompromißbereitschaft und Toleranz hilfreich sind.

Dirk kann es kaum erwarten, daß es endlich Donnerstag wird, und Lisa ihn besuchen kommt. Von seinem Taschengeld kauft er Schokolade, die er Lisa anbieten möchte.
Dirk ist aufgeregt. Sein Herz schlägt ganz schnell. Auch Lisa ist unruhig.
Es klingelt. Dirk öffnet die Tür und begrüßt Lisa. Nachdem Lisa auch Dirks Mutter und seinen Bruder Torsten begrüßt hat, geht sie mit Dirk in sein Zimmer.
„Sieh mal, das sind meine beiden Hamster Tom und Tim", sagt Dirk.
„Oh, die sind aber süß", sagt Lisa. „Wie alt sind die denn?"
„Tom ist erst einen Monat alt, Tim ist aber schon zwei Jahre."
Den ganzen Nachmittag verbringen Lisa und Dirk zusammen. Dirk erzählt von Hamburg und seinen früheren Freunden, und Lisa erzählt ihm alles Wichtige über ihre Klasse. Zwischendurch hören sie Musik und essen Schokolade.
Für den nächsten Tag verabreden sie sich wieder.
Diesmal besucht Dirk Lisa. Er lernt Lisas Eltern und ihre jüngere Schwester Anne kennen.
Fast jeden Tag treffen sie sich nun nach der Schule. Oft hören sie zusammen Musik. Manchmal gehen sie spazieren oder Eis essen.
Mittlerweile fühlt Dirk sich in Dortmund schon richtig wohl. Er kann sich nicht mehr vorstellen, daß er die neuen Schüler und seine neue Schule am Anfang doof gefunden hat.
Am Freitag ist Lisa in der Schule sehr aufgeregt: „Wir müssen uns am Wochenende treffen. Ich habe ein neues Fahrrad, das muß ich dir unbedingt zeigen. Wenn das Wetter gut ist, können wir ja mal eine Radtour machen."
Dirk schüttelt den Kopf. „Ich habe keine Zeit, wir bekommen Besuch aus Hamburg. Mein bester Freund Peter kommt mit seinen Eltern. Außerdem habe ich meiner Mutter versprochen, ihr heute nachmittag zu helfen. Wir können uns doch am Montag zu einer Radtour treffen."
Lisa ist sehr enttäuscht: „Am Montag habe ich keine Zeit, da muß ich auf

meine kleine Schwester aufpassen, weil meine Mutter zum Arzt geht. Was hältst du denn von Dienstag?"
Dirk schüttelt den Kopf: „Das geht leider auch nicht. Am Dienstag gehe ich das erste Mal zur Musikgruppe im Jugendzentrum."
Lisa hat kein Verständnis dafür. „Nie hast du Zeit für mich, am Freitag, Samstag und Sonntag nicht und auch nicht am Dienstag."
Die Pause ist leider vorbei und Lisa und Dirk setzen sich an ihre Tische. Lisa ist traurig. Sie muß die ganze Zeit noch an das Gespräch mit Dirk denken.
Lisa überlegt hin und her: „Wenn ich meiner Mutter sage, daß ich am Montag nicht auf Anne aufpassen kann, dann gibt das Ärger. Aber Dirk muß ja nicht unbedingt zu seiner Musikgruppe gehen. Dann geht er einfach eine Woche später hin. Und der Besuch aus Hamburg, der ist doch nicht so wichtig. Oder hat Dirk vielleicht keine Lust mehr, sich mit mir zu treffen?"

Rollenspiel: Dirk und Lisa im Gespräch

Mögliche Interventionen
Lisa: Ich will aber immer mit dir zusammen sein – Du hast deine Mutter/deinen Freund lieber als mich – Du interessierst dich nicht für mein Fahrrad
Dirk: Ich habe etwas versprochen – Mein Freund aus Hamburg ist mir wichtig – Ich bekomme großen Ärger, wenn ich nicht zu Hause bleibe
Beide: Wir treffen uns an einem anderen Tag – Ich komme mit und helfe dir – Ich verstehe deine Wünsche – Ich habe dich auch gerne, wenn ich nicht mit dir zusammen bin

In der nächsten Pause sitzen Dirk und Lisa wieder zusammen, um über einen neuen Termin zu sprechen.
„Was hältst du denn von Mittwochnachmittag?" fragt Dirk.
„Da habe ich Zeit", sagt Lisa, „aber das dauert noch so lange. Fast eine ganze Woche. Ich würde mich gerne eher mit dir treffen, um dir mein neues Fahrrad zeigen."
„Ich würde mich auch gerne eher mit dir treffen, am liebsten schon heute nachmittag. Aber das geht nicht. Ich habe meiner Mutter versprochen, ihr zu helfen, und da kann ich nicht einfach absagen. Außerdem freue ich mich auch sehr, wenn Peter am Wochenende bei uns ist."
„Ich kann schon verstehen, daß du die Absprache mit deiner Mutter und mit deinem Freund einhalten mußt, aber ein bißchen traurig ist es schon", sagt Lisa.

„Ich finde es auch schade, aber daran ist nichts mehr zu ändern. Aber du, ich habe noch eine Idee. Wie wäre es denn, wenn wir am Sonntag mal miteinander telefonieren? Wenn Peter mit seinen Eltern weg ist, rufe ich dich an. Wenn dann die Zeit für eine Radtour nicht mehr reicht, könnten wir uns ja trotzdem treffen, und ich schaue mir dein neues Fahrrad an. Die Radtour machen wir dann auf jeden Fall am Mittwoch."
Lisa ist damit einverstanden: „Ja, das wäre toll, wenn du am Sonntagabend noch einmal bei mir vorbeikämst."

2.1

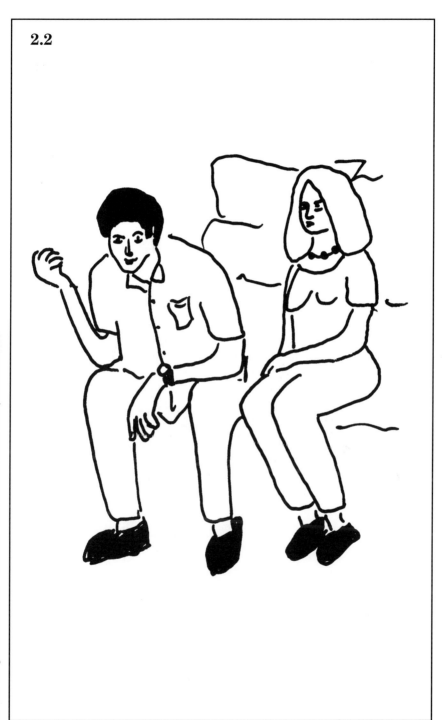

2.3

2.4

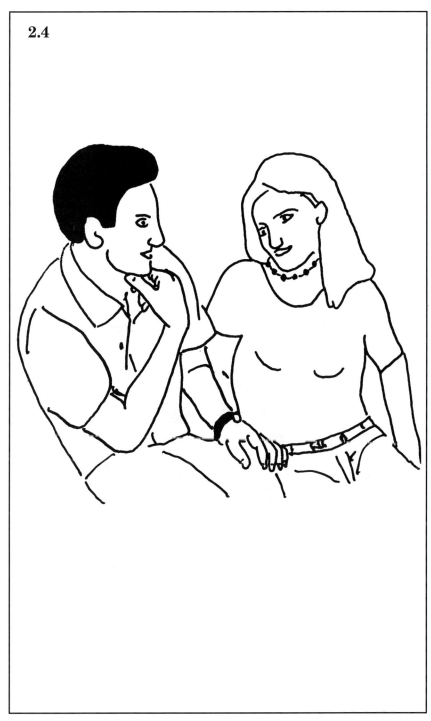

3. Erste Zärtlichkeiten

> *Die Schüler erfahren, daß Menschen, die sich mögen, sich gerne zärtlich anfassen.*

Dirk hat sich das neue Fahrrad von Lisa am Sonntag angeschaut.
„Super ist dein neues Fahrrad, echt ganz super. Ich freue mich schon darauf, wenn wir Mittwoch unsere Fahrradtour machen."
Auch Lisa freut sich sehr auf Mittwoch. Dann können sie endlich die lang-ersehnte Radtour machen.
Mit dem Wetter haben sie Glück, die Sonne scheint.
Lisa zeigt Dirk einen schönen Weg durch den Wald, wo beide ganz alleine sind.
Nachdem sie einige Kilometer gefahren sind, machen sie eine Pause.
Lisa hat eine Decke mitgebracht, breitet diese auf einer Wiese aus und legt sich drauf.
Sie sagt: „Du fährst aber sehr schnell. Ich bin ganz schön kaputt. Gut, daß wir jetzt eine Pause machen. Komm, leg dich doch auch auf die Decke."
Dirk legt sich neben Lisa auf die Decke.
Er sagt: „Ich bin auch ein bißchen erschöpft vom Radfahren."
Dirk findet es schön, mit Lisa zusammen auf einer Decke zu liegen. Er würde Lisa gerne etwas Nettes sagen, weiß aber nicht was. Er ist verlegen und aufgeregt.
Auch Lisa findet es sehr schön, mit Dirk auf einer Decke zu liegen. Sie ist auch aufgeregt und weiß nicht mehr, was sie sagen soll. Ihr Herz schlägt schnell und heftig.

Identifikationsspiel: Lisa fühlt....Dirk fühlt...

Die Schüler erhalten die Möglichkeit, in die Rolle von Dirk und Lisa zu schlüpfen (Umlegen der Uhr bzw. der Kette) und führen die Sätze weiter: Dirk fühlt...... Lisa fühlt.....
Möglich ist auch die andere Version des Identifikationsspiels: Wenn ich Lisa wäre, würde ich... Wenn ich Dirk wäre, würde ich...

„Weißt du, was ich schön finde?" fragt Lisa.
„Dein neues Fahrrad", vermutet Dirk.
„Nein, ich meine etwas, was noch viel, viel schöner ist."
„Nee, ich weiß nicht, was noch schöner als dein neues Fahrrad ist."

„Ich finde es richtig schön, daß du jetzt in unsere Klasse gekommen bist."
Dirk wird ein bißchen rot und bekommt Herzklopfen.
„Warum findest du das schön?"
„Och", sagt Lisa. „Mit dir kann man so schön radfahren und erzählen."
„Das kannst du doch auch mit Michael und Katrin", antwortet Dirk.
„Ja, das stimmt", sagt Lisa. „Aber mit dir ist es eben schöner."
Dirk bekommt noch rotere Ohren.
„Ich finde es mit dir auch am schönsten", sagt Dirk und streichelt Lisa vorsichtig übers Haar. „Du hast so schöne, weiche Haare. Ich mag dich."
„Ich mag dich auch", sagt Lisa.
Eine Zeitlang sagen sie nichts mehr und streicheln sich gegenseitig.
Plötzlich fängt es an zu regnen.
„Komm schnell, wir müssen los", ruft Lisa. „Gleich sind wir ganz naß."
Schnell packen sie ihre Sachen zusammen, schwingen sich auf ihre Fahrräder und fahren ganz schnell nach Hause.
„Ich bringe dich aber noch nach Hause", sagt Dirk und begleitet Lisa bis vor die Haustür.
„Tschüß, bis morgen", ruft Lisa. „Beeil' dich, du wirst sonst noch nasser."
„Das macht nichts, nasse Wäsche kann doch trocknen", antwortet Dirk.
„Ja, aber nachher wirst du noch krank, und dann können wir uns nicht mehr treffen."
„Stimmt, das wäre schade. Also ich verspreche dir, ich radele so schnell ich kann und ziehe dann sofort trockene Wäsche an. Tschüß, bis morgen." Dirk radelt wie ein Blitz nach Hause und kommt aber trotzdem so naß an, als ob er unter der Dusche gestanden hätte.
„Zieh dir trockene Sachen an", sagt die Mutter.
„Ich bin doch kein kleines Kind mehr, das weiß ich selber", sagt Dirk und zieht sich um.
Es gäbe jetzt ja auch nichts Schlimmeres, als krank zu sein und Lisa nicht sehen zu können.

Weitere Möglichkeiten, das Thema zu vertiefen

Lieder zum Thema anhören, nachsingen und besprechen

z.B. „ Hab mich lieb, vergiß mich nicht" aus: Liederkarren, Bad Soden 1979, Student für Europa, Nr. 8
„Streicheln, Streicheln" aus Song-Buch der KJG, Düsseldorf 1982, S. 84
„Wenn sich die Igel küssen" aus: Liederkiste, Bad Soden 1979[3], Student für Europa, Nr. 28 ▶

Streichelspiele

Mit weichen Materialien: Federn, Samt, Nickistoff, Seide, weichen Pinseln und Bürsten usw. sich selbst bzw. einen Partner seiner Wahl streicheln. Mögliche Spielformen: Frei nach Wunsch mit einem Partner als Wunschäußerungsspiel (z.B. Ich möchte mit einer Feder am Arm gestreichelt werden) oder als Ratespiel mit geschlossenen Augen. Für eine entspannte Atmosphäre sorgen und dazu u.U. leise, meditative Musik hören.

3.1

3.2

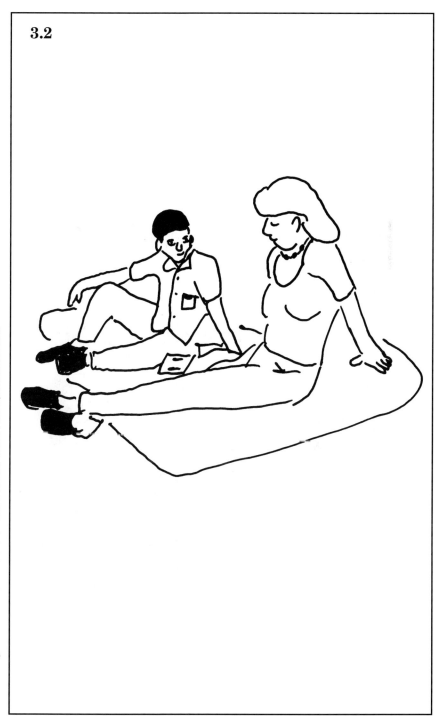

3.3

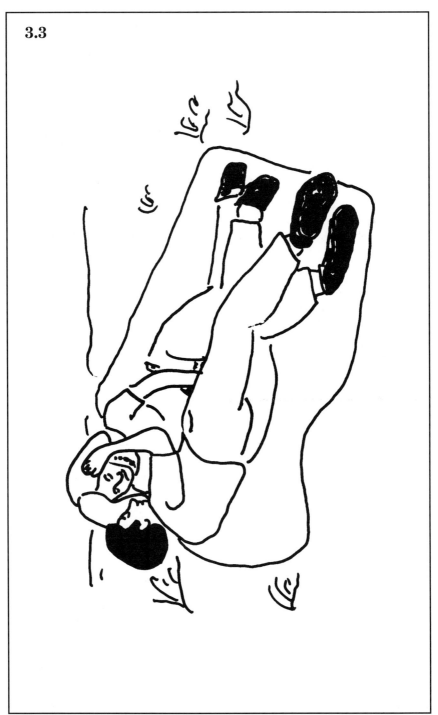

4. Lisa unterhält sich mit Michael

Die Schüler erfahren, was Eifersucht ist, und daß es wichtig ist, übertriebene Besitzansprüche abzubauen und sich gegen unangemessene Besitzansprüche des Partners zu wehren.

Am nächsten Morgen beeilt Dirk sich, um zur Schule zu kommen.
Er sieht in der Ecke Lisas Tasche stehen. Sie ist also schon da.
Sein Herz schlägt ganz schnell.
„Wahrscheinlich ist sie auf dem Schulhof", denkt er und läuft nach draußen. Er sieht sie am anderen Ende des Schulhofs stehen.
Sein Herz schlägt noch schneller. Aber was sieht er da?
Sie steht neben Michael und unterhält sich mit ihm. Sie lacht ihn sogar an.
Dirk bleibt plötzlich stehen. Er hat das Gefühl, als ob er nicht mehr atmen könne. Dabei hat sie gestern noch gesagt, daß sie ihn mag.
Dirk ist wütend. „Was fällt Lisa denn ein, sich einfach mit Michael zu unterhalten, mit diesem blöden Kerl!"
Er geht zu den beiden hin.
Lisa lacht ihn an und sagt fröhlich: „Hallo Dirk, alles klar?"
„Ja, hallo", sagt Dirk mürrisch ohne ein Lächeln.
Lisa schaut ihn ganz komisch an und denkt: „Was hat er denn? Habe ich etwas falsch gemacht?"
Michael grinst: „Habt ihr schon euren ersten Krach? Dann geh' ich lieber."
Lisa und Dirk sind jetzt allein.
„Gestern war es doch so schön und nun das", denkt Lisa. „Was ist denn?" fragt sie Dirk.
„Frag doch nicht so doof", sagt Dirk, und schon ist er verschwunden.
Lisa ist ganz verzweifelt. „Was hat er bloß?" denkt sie.
Am liebsten würde sie weinen, aber das geht nicht, denn jetzt fängt der Unterricht an.
Den ganzen Tag sprechen Dirk und Lisa kein Wort mehr miteinander, aber Lisa sieht oft zu Dirk und Dirk oft zu Lisa.
Auch Dirk ist sehr traurig. Als er nach Hause kommt, legt er sich auf sein Bett und weint. Er ist wütend auf Lisa und wütend auf sich selber.
„Vielleicht habe ich da etwas falsch gemacht? Was soll ich nun machen? Wahrscheinlich kann mich Lisa jetzt nicht mehr leiden." Er denkt ganz lange nach.
Am nächsten Morgen treffen sich Lisa und Dirk in der Schule wieder.

> **Rollenspiel: Lisa und Dirk begegnen sich am nächsten Morgen**
>
> *Mögliche Interventionen:*
> *Dirk:* Ich bin dein Freund und nicht Michael – Gehst du jetzt etwa mit Michael? – Was hast du mit Michael zu besprechen? – Ich bin sauer, weil du mit Michael flirtest – Ich habe Angst, daß du mich nicht mehr magst
> *Lisa:* Ich möchte mit dir sprechen – Was ist los mit dir? – Ich verstehe dein Verhalten nicht – Ich glaube, du bist eifersüchtig – Ich darf auch mit einem anderen Jungen sprechen – Ich lasse mir von dir nichts verbieten – Natürlich mag ich dich noch
>
> *Mögliche Gesprächsimpulse:*
> Was können Lisa bzw. Dirk jetzt tun? – Was haben Lisa bzw. Dirk falsch gemacht? –

Am nächsten Morgen geht Dirk zu Lisa und sagt ihr: „Ich möchte mit dir sprechen."
Lisa freut sich darüber sehr. Sie verabreden sich für den Nachmittag bei Dirk zu Hause.
Beide sind ziemlich aufgeregt. Dirk gibt sich große Mühe, freundlich zu Lisa zu sein. Sie wissen zuerst nicht, was sie sagen sollen.
Schließlich fragt Lisa: „Warum warst du denn so sauer auf mich? Etwa weil ich mich mit Michael unterhalten habe?"
Dirk nickt: „Ja, ich habe gedacht, daß du jetzt mit Michael und nicht mehr mit mir gehst."
Lisa sagt: „Du warst also eifersüchtig. Ich gehe nicht mit Michael. Ich kann mich aber doch mal mit ihm unterhalten. Michael hat mir von seiner kleinen Katze erzählt. Das darf er doch, oder etwa nicht?"
„Klar darf er das", sagt Dirk.
„Du darfst dich ja auch mit Katrin unterhalten. Und ich lasse mir nicht verbieten, mit Michael zu reden. Ich mag dich sehr gerne, aber auf Dauer habe ich keine Lust, mich nur mit dir zu unterhalten."
„Ja, du hast recht, natürlich darfst du dich noch mit anderen Jungen unterhalten. Bist du mir denn jetzt noch böse?" fragt Dirk.
„Nein, ich bin nicht mehr böse. Aber ich fände es besser, wenn du mir sofort sagst, was du hast, und nicht erst einen Tag lang schmollst. Ich war gestern den ganzen Tag sehr traurig und habe immer überlegt, was hat der Dirk denn bloß. Am besten, wir vergessen diese Sache jetzt."

„Abgemacht, die Sache ist vergessen, und wenn ich sauer auf dich bin, dann spreche ich das nächste Mal sofort mit dir darüber."
„Was sollen wir denn jetzt noch machen? Wozu hast du denn noch Lust?" fragt Lisa.
„Ach, ich würde dir gerne meine neue Kassette vorspielen."
„Ja", sagt Lisa, „die möchte ich gerne hören."

Weitere Möglichkeiten, das Thema zu vertiefen

Bildergeschichte betrachten und besprechen
Gutes Beispiel in: I. Achilles u. a., Sexualpädagogische Materialien für die Arbeit mit geistig behinderten Menschen, S. 91f

Phantasiereise
Die Schüler liegen bequem mit geschlossenen Augen auf einer Dekke. Die Lehrerin liest folgende Geschichte langsam vor:

> „Du gehst spazieren. Die Sonne scheint. Du fühlst dich wohl. Da kommt jemand die Straße entlang. Als er näher kommt siehst du, daß es der liebe....., die liebe .....ist. Wen hast du gerne? Ja, genau, diese Person kommt da gerade an. Du winkst ihr zu. Du rufst laut ihren Namen. Sie sieht dich nicht. Sie schaut dich nicht an. Du winkst noch heftiger. Du rufst den Namen noch lauter, aber sie sieht dich nicht. Sie hört dich nicht. Jetzt kommt noch jemand. Die beiden umarmen sich. Sie schauen nicht zu dir hin. Sie lachen miteinander und reden. Mit dir reden sie nicht. Du bist allein.
> Was fühlst du jetzt?
> Wer möchte, kann jetzt erzählen, was er fühlt.
> Dieses Gefühl nennt man Eifersucht.
> Nun gehst du zu den beiden hin und sprichst sie an. Sie sehen dich. Sie umarmen dich. Sie freuen sich, daß du da bist. Du freust dich mit ihnen. Nach einer Weile verabschiedest du dich. Du gehst wieder nach Hause und kommst langsam zurück ins 'Hier und Jetzt'.
> Du öffnest die Augen ganz langsam und darfst, wenn du möchtest, erzählen, was du erlebt hast."

4.1

4.2

4.3

5. Der erste Kuß

Die Schüler erfahren, daß man den Menschen, den man liebt, besonders gerne und intensiv küßt.

Lisa und Dirk sind oft zusammen. Sie machen zusammen Fahrradtouren, gehen Eis essen oder spazieren. Manchmal hören sie auch Musik. Dabei sitzen sie zusammen auf einem Bett und kuscheln sich ganz eng aneinander.
Nun ist Michaels Geburtstag. Er hat Lisa und Dirk und noch andere aus der Klasse zu einer Fete eingeladen.
Alle haben Kassetten mitgebracht, weil sie tanzen wollen.
Lisa und Dirk tanzen die ganze Zeit zusammen.
Katrin geht zu Dirk und fordert ihn zum Tanzen auf. Dirk und Katrin tanzen zusammen. Lisa tanzt mit Michael.
Nach einer Weile tanzen aber wieder Lisa und Dirk zusammen.
„Mit dir tanze ich am allerliebsten", flüstert Lisa Dirk ins Ohr.
„Ich tanze auch am allerliebsten mit dir", flüstert Dirk zurück.
Mittlerweile hat Michael eine Kassette mit Schmuseliedern aufgelegt.
Dirk und Lisa tanzen eng umschlungen. Lisa mag das sehr, Dirk so eng zu spüren. Dirk mag es auch, Lisa so nahe zu sein.
„Ich könnte immer weiter so tanzen", sagt Dirk.
„Ich auch", sagt Lisa. „Es ist so schön."
Dirk legt seine Arme um Lisas Hals. Seine Wange liegt ganz eng an Lisas Wange, so daß er ihren Atem spüren kann. Lisa dreht ihren Kopf zur Seite, so daß sich ihre Lippen berühren. Sie küssen sich.
Lisa mag es sehr, Dirks Lippen so nah zu spüren. Dirk möchte Lisa am liebsten ohne Pause immer weiter küssen. Lisa geht mit ihrer Zunge in Dirks Mund. Sie möchte ihm ganz, ganz nah sein. Dirks Zunge spielt mit Lisas Zunge, und beide genießen es sehr.
Lisa flüstert Dirk ins Ohr: „Ich liebe dich."
Und Dirk antwortet: „Ich dich auch."
Sie merken nicht, wie die Zeit vergeht. Mittlerweile ist es schon spät.
„Es ist schon 11 Uhr durch", ruft Michael. „Wir müssen Schluß machen."
„Schade", sagt Dirk, „daß jetzt schon Schluß ist. Gleich kommt mein Vater und holt uns ab."
Dirks Vater bringt auch Lisa nach Hause. Zum Abschied umarmen und küssen sich die beiden.
Obwohl es schon sehr spät ist, kann Lisa nicht einschlafen. Immer noch denkt sie an Dirk, an das Tanzen, das immer enger wurde, und an die Küsse.

Auch Dirk liegt noch wach in seinem Bett. Er ist glücklich und denkt immer an Lisa.

> **Weitere Möglichkeiten, das Thema zu vertiefen**
>
> *Gespräch übers Küssen*
> *Gesprächsimpulse:* Mein erster und schönster Kuß – Wie küßt man eigentlich? – Ist Küssen gefährlich? – Kann man falsch küssen? – Sind alle Küsse gleich? – Was ist ein Zungenkuß? – Gibt es unangenehme Küsse? –
> Für jüngere und weniger leistungsstarke Schüler empfiehlt sich dazu folgendes Bilderbuch, in dem unterschiedliche Küsse vorgestellt werden:
> M. Mebes/L. Sandrock, Kein Küßchen auf Kommando
>
> *Lieder zum Thema „Küssen"*
> In vielen alten Schlagern wird vom Küssen gesungen. Die Lieder kann man anhören, das Lieblingslied aussuchen, nachsingen, besprechen usw. z.B. Peter Kraus: Alle Mädchen wollen küssen; Cliff Richard: Rote Lippen soll man küssen; Manuela: Küsse unterm Regenbogen; Ted Herold: Küß mich.
>
> *Kußbild erstellen*
> Mundabdrücke mit Lippenstift oder Karnevalsschminke auf Papier machen und so ein Kußbild entstehen lassen. Danach kann geraten werden: Wer hat welchen Kußabdruck gemacht?

5.1

5.2

6. „Ich möchte das nicht."

▊ *Die Schüler erfahren, daß es wichtig ist, eigene Grenzen dem anderen mitzuteilen und die Grenzen des anderen zu akzeptieren.*

Am nächsten Morgen scheint die Sonne. Dirks Mutter geht in sein Zimmer und ruft: „Aufstehen, du Langschläfer. Es ist schon 11 Uhr". Dirk rekelt sich. So eine Gemeinheit, da hatte er gerade von Lisa geträumt, wie sie zusammen auf einer Wiese liegen und schmusen und nicht mehr aufhören.
Er hat eine Idee. Schnell ist er aus dem Bett, läuft zum Telefon und ruft Lisa an.
„Guten Morgen Lisa, bist du ausgeschlafen?"
„Ja, schon lange, bist du etwa gerade erst aufgestanden, du Langschläfer?"
Dirk fragt: „Was hältst du gleich von einer Radtour zum See?"
„Gerne", sagt Lisa, „heute kommen Onkel Karl und Tante Grete. Die sind ziemlich ätzend, auf die habe ich sowieso keine Lust. Ich bring' ein paar Äpfel und Bananen mit."
„Gut, dann bring ich Limo und Kuchen mit. Sollen wir uns um 3 Uhr an der Post treffen?"
„Ja gut, bis gleich um 3 an der Post. Tschüß."
Kurze Zeit später klingelt bei Lisa noch mal das Telefon. Katrin ist dran.
„Hallo Lisa, ich muß dir unbedingt was erzählen. Ich gehe jetzt mit Michael."
„Ehrlich, ihr beiden seid jetzt auch zusammen? Das finde ich ja toll. Früher fand ich den Michael nicht so nett, aber jetzt finde ich ihn nett."
„Heute nachmittag kommt Michael mich besuchen."
„Dann grüß ihn mal von mir. Dirk und ich machen heute nachmittag eine Radtour."
„Dann grüß du mal den Dirk. Ich wünsche euch einen schönen Nachmittag. Tschüß bis morgen."
„Tschüß bis morgen", sagt Lisa und legt auf.
Kurz vor 3 radelt Dirk stürmisch los. Lisa ist noch nicht da. Dirk wird schon ganz ungeduldig. Endlich kommt Lisa.
„Schön, daß du da bist. Ich habe mich so auf dich gefreut."
Lisa und Dirk nehmen sich in die Arme und küssen sich.
Dann radeln sie los. Am See angelangt, breiten Dirk und Lisa ihre Decke aus und legen Obst, Kuchen und Getränke darauf.

„Hm, der Kuchen ist aber lecker. Hast du den selber gebacken?" fragt Lisa.
„Ja, aber nicht alleine, meine Mutter hat mir geholfen."
Dirk streichelt Lisa über das Gesicht.
Lisa und Dirk schmiegen sich aneinander und küssen sich.
„Ich habe diese Nacht von dir geträumt", sagt Dirk. „Es war ein sehr schöner Traum."
Dirk faßt Lisa unter ihr T-Shirt und streichelt zärtlich ihren Rücken.
„Es ist schön, mit dir zusammen zu sein. Ich mag dich", sagt Lisa.
„Ich mag dich auch", sagt Dirk.
Er öffnet ihren BH, um ihren Busen zu streicheln. Da wird Lisa plötzlich ganz heftig, rutscht und dreht sich weg.
„Hör auf, ich möchte das nicht."

Rollenspiel: Lisa und Dirk auf der Wiese

Mögliche Interventionen:
Lisa: Ich will nicht – Nein, laß das – Ich habe Angst – Mir ist das unangenehm – Hör auf
Dirk: Ich tue dir doch nichts – Du bist ganz schön empfindlich – Darf ich deinen Busen nicht sehen? – Habe ich etwas falsch gemacht? – Ich will gerne deinen Busen streicheln

Unter Umständen ist ein Rollenspiel an dieser Stelle zu heikel, dann evtl.
Gespräch: Hat Lisa bzw. Dirk etwas falsch gemacht?
oder
Identifikationsspiel: Wenn ich Lisa, wenn ich Dirk wäre, würde ich....

Dirk ist erschrocken und zieht seine Hände zurück.
„Komisch", denkt er, „es ist doch so schön, und ich tue ihr auch nicht weh."
Aber er traut sich nicht, Lisa zu fragen, warum sie das nicht mag.
Sie liegen nebeneinander und keiner sagt etwas. Dirk traut sich auch nicht mehr, Lisa übers Gesicht oder den Rücken zu streicheln. Er weiß nicht, was er machen soll.
„Hoffentlich ist Lisa jetzt nicht böse auf mich", denkt er.
Lisa ist auch sehr verlegen. „Es war so schön, als Dirk mir den Rücken gestreichelt hat. Ich möchte aber nicht, daß er mir den BH auszieht.

Vielleicht ist Dirk jetzt sauer, weil ich das nicht möchte", denkt sie.
Nach einer Weile fragt Dirk: „Bist du jetzt sauer?"
Lisa schüttelt den Kopf. „Ich möchte das aber nicht", sagt sie. „Bist du denn jetzt sauer?"
Dirk schüttelt den Kopf: „Nein, ich wollte nur ein bißchen mit dir schmusen. Aber wenn du das nicht möchtest, lasse ich es natürlich sein."
Lisa sagt: „Komm, dann laß uns doch gegenseitig den Rücken und das Gesicht streicheln. Das habe ich sehr gerne, wenn du das machst."

Weitere Möglichkeiten, das Thema zu vertiefen

Interaktionsspiele: Ich sage, was ich möchte
Die Schüler suchen sich einen Partner ihrer Wahl aus. Jeweils ein Schüler wird als Aktiver (A) bzw. Passiver (B) kenntlich gemacht (Tuch umbinden oder ähnliches).
– A geht langsam auf B zu, B ruft: „Halt", wenn er möchte, daß A stehenbleibt. A muß sofort stehenbleiben.
– B wird durch den Raum geführt und ruft: „Stop", wenn er nicht mehr möchte. A muß sofort anhalten.
– B wird von A gestreichelt (mit einer Feder, Pinsel oder der Hand) und muß sofort aufhören, wenn B nicht mehr möchte.
– B sagt oder zeigt A, wo er gestreichelt werden möchte. A muß sich genau an die Anweisungen halten.

Bildergeschichte betrachten und besprechen
z.B.: R. Griffel/G. Willim, Jenny sagt „Nein"

6.1

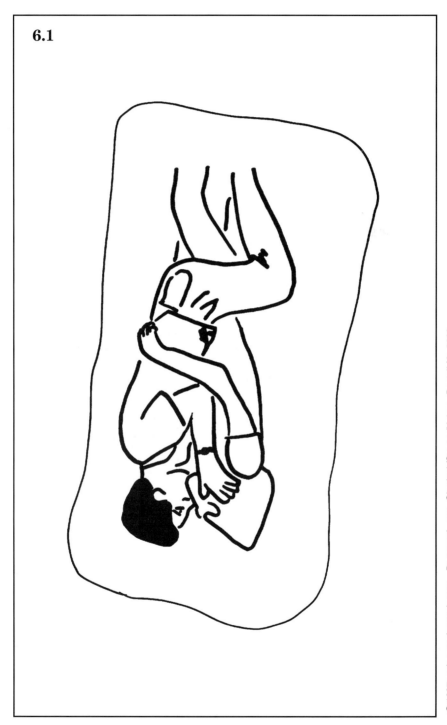

6.2

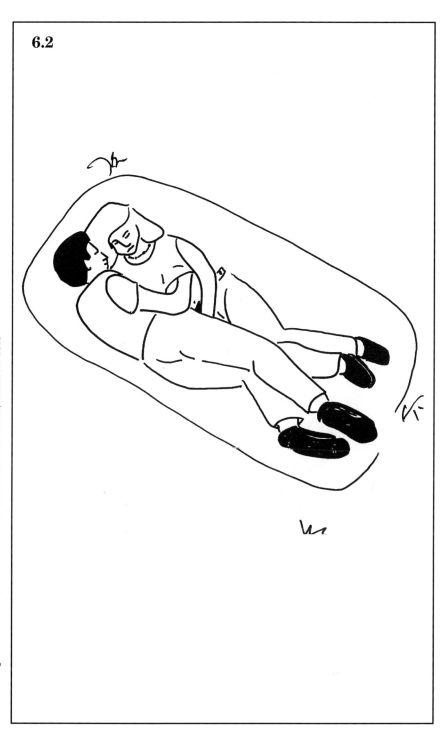

6.3

6.4

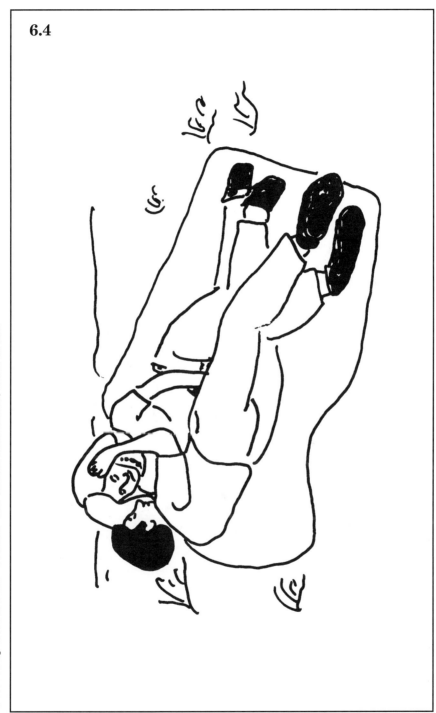

7. „Meine kleine Schwester nervt und stört."

> *Die Schüler erfahren, daß sie ihr Bedürfnis nach einem intimen Raum den Eltern gegenüber artikulieren müssen und erhalten Ideen für eventuelle Regelungen.*

Heute ist schlechtes Wetter. Deshalb können Lisa und Dirk keine Radtour machen. Sie sind bei Lisa zu Hause.
Lisa und Dirk liegen auf Lisas Bett und schmusen miteinander.
Dirk ist sehr vorsichtig, weil er Angst hat, daß er etwas macht, was Lisa nicht möchte.
Er streichelt ihr das Gesicht. „Ist es schön so?" fragt er sie.
„Ja, so habe ich das sehr gerne", antwortet Lisa und küßt ihn.
Lisa hat es sehr gerne, wenn Dirk sie ein bißchen am Rücken kitzelt, und Dirk hat es sehr gerne, wenn Lisa ihm das ganze Gesicht küßt.
Plötzlich kommt Lisas kleine Schwester Anne rein.
„Lisa, sieh mal, das habe ich eben aus Lego gebaut."
Lisa und Dirk schrecken hoch. Anne zeigt Dirk und Lisa ein Haus.
„Das ist ein Krankenhaus, das ich gebaut habe. Wie findet ihr das?"
„Ja, schön", sagt Lisa.
„Kommt mal mit in mein Zimmer, dann können wir zusammen einen Krankenwagen bauen. Ich kann das noch nicht alleine", sagt Anne.
„Ach Anne, dazu habe ich jetzt keine Lust. Ein anderes Mal bauen wir mit dir", sagt Lisa.
„Aber du hast mir doch versprochen, daß du mir hilfst, einen Krankenwagen zu bauen."
„Ja, aber jetzt geht es nicht, du siehst doch, daß Dirk da ist, und der hat auch keine Lust, jetzt einen Krankenwagen zu bauen. Ein anderes Mal."
„Das sagst du jedesmal."
„Bitte, Anne, laß uns jetzt alleine, ich verspreche dir, heute abend nach dem Abendessen baue ich mit dir einen Krankenwagen."
Im Wohnzimmer ist Lisas Mutter zu hören.
Sie ruft: „Ich muß mal schnell einkaufen und zur Post und noch etwas in die Videothek zurückbringen. Ich lasse Anne bei euch. Paßt bitte ein bißchen auf, daß Anne keine Dummheiten macht. Bis gleich."

> **Rollenspiel: Lisa spricht mit ihrer Mutter**
>
> *Mögliche Interventionen:*
> *Lisa:* Ich will nicht immer auf meine Schwester aufpassen – Ich will mit Dirk alleine sein – Ich will nicht, daß mich jemand in meinem Zimmer stört – Ich bin schließlich schon 17
> *Mutter:* Du kannst doch mal auf deine Schwester aufpassen – Ich habe Angst, wenn du mit Dirk alleine im Zimmer bist – Was machst du mit Dirk in deinem Zimmer?

Am Abend, als Anne schon im Bett ist, sitzen Lisa und ihre Mutter noch zusammen.
„Sag mal, Lisa, ist etwas mit dir? Hast du schlechte Laune?" fragt die Mutter.
„Anne nervt. Ich möchte nicht von ihr gestört werden, wenn Dirk da ist. Die kommt immer in mein Zimmer."
„Hm, das ist ja nicht so einfach. Wieso soll sie denn nicht mehr in dein Zimmer kommen?" fragt die Mutter. „Früher durfte sie das doch."
„Ich möchte das nicht mehr. Ich möchte mit Dirk alleine sein."
„Was macht ihr denn für Sachen, bei denen ihr nicht gestört werden möchtet?"
„Wir hören Musik und unterhalten uns", antwortet Lisa.
„Und manchmal schmust ihr dann auch", vermutet die Mutter.
„Ja, dürfen wir das denn etwa nicht? Schließlich sind wir schon 17 und keine kleinen Kinder mehr", entgegnet Lisa aufgebracht.
„Natürlich dürft ihr das. Wenn ihr nur ein bißchen schmust, dann ist das schon in Ordnung."
„Ja, das weiß ich, Mama."
„Wir können das ja so machen, wenn deine Zimmertüre zu ist, egal ob Dirk da ist oder nicht, wird bei dir angeklopft. Und nur bei einem 'Herein' öffne ich deine Zimmertüre. Anne ist auch schon groß genug, um das zu verstehen."

> **Weitere Möglichkeit, das Thema zu vertiefen**
>
> *Türschild anfertigen*
> Die Schüler basteln ein Türschild aus Pappe oder Holz mit der Aufschrift oder dem Symbol „Nicht eintreten" oder „Nicht stören". Möglich ist auch eine Ampel, „rot" für „Betreten verboten", „grün" für freien Eintritt.

7.1

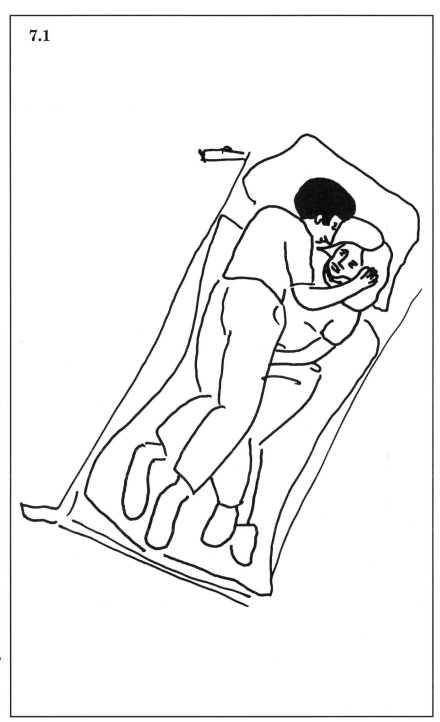

7.2

7.3

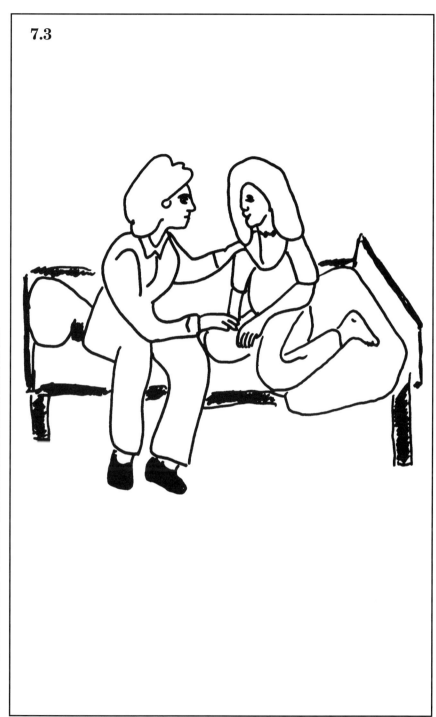

8. „Wenn du mich liebst, kannst du das doch für mich machen."

Die Schüler erfahren, daß man seine Liebe nicht dadurch zeigen sollte, daß man immer alles tut, was der andere möchte.

Mittlerweile ist der Sommer vorbei, es wird Herbst.
Lisa und Dirk machen immer noch lange Spaziergänge und Fahrradtouren zusammen. Sie kommen an dem See vorbei, in dem sie im Sommer zusammen geschwommen sind.
„Komm, laß uns noch einmal schwimmen gehen. Ich will mit dir ein Wettschwimmen machen", schlägt Lisa vor.
„Jetzt, bei diesem kalten Wetter? Nee, dazu habe ich überhaupt keine Lust. Das ist mir viel zu kalt. Und eine Badehose habe ich auch nicht dabei."
„Quatsch, so kalt ist es doch heute gar nicht."
„Ich habe aber trotzdem keine Lust. Das Wettschwimmen können wir doch am Donnerstag in der Schule machen", antwortet Dirk.
„In der Schule, das ist doch langweilig. Ich will jetzt ein Wettschwimmen mit dir im See machen. Wir können doch in der Unterwäsche schwimmen, und danach trocknen wir uns mit unseren Pullovern ab. Außerdem trocknet die Wäsche bei dem Wind doch ganz schnell."
„Ich möchte aber nicht, das Wasser ist zu kalt, und ich bin auch erkältet", sagt Dirk.
„Eh, so ein bißchen Husten, das ist doch wohl harmlos. Stell dich doch nicht so an, zieh deine Jeans aus, und laß uns ins Wasser gehen", sagt Lisa.
„Bitte, dann geh doch alleine", sagt Dirk, „ich warte gerne hier am Rand." „Weißt du was, ich glaube du hast Angst. Angst davor, daß du beim Wettschwimmen verlierst, daß deine Mutter meckert, daß deine Wäsche naß ist und du krank wirst. Du bist ein richtiger Feigling."
„Ich bin kein Feigling, du weißt doch genau, daß ich im Schwimmen der Schnellste bin. Und vor meiner Mutter habe ich keine Angst", sagt Dirk.
„Na gut, du bist kein Feigling, war ja nicht so gemeint."
Dirks Laune wird wieder besser, und er lächelt Lisa an.
Lisa lächelt zurück: „Wenn du mich liebst, kannst du das doch für mich machen."

> **Rollenspiel: Dirk und Lisa am See**
>
> *Mögliche Interventionen:*
> *Lisa:* Manchmal muß man etwas aus Liebe machen, auch wenn man keine Lust dazu hat – Du bist ein Feigling – Du bist ein Mamasöhnchen – Ich will aber, daß du mit schwimmen gehst – Wenn du mit mir schwimmen gehst, weiß ich, daß du mich wirklich liebst
> *Dirk:* Ich liebe dich, aber ich will nicht krank werden – Es ist mir zu kalt – Manchmal hast du aber komische Ideen – Wenn du mich gerne hast, forderst du so etwas nicht von mir

„Na gut, wenn du unbedingt willst, aber nur weil ich dich liebe, sonst würde ich das nicht machen", sagt Dirk.
„Ich wußte doch, daß du das für mich machst", sagt Lisa. „Du bist wirklich total nett."
„Aber nur für ein paar Minuten, ich möchte nicht, daß mein Husten noch schlimmer wird", meint Dirk.
„Natürlich, wir gehen nur ganz kurz ins Wasser."
Lisa und Dirk ziehen ihre Jacken, Pullover, Schuhe, Hosen und Socken aus. Nur noch in der Unterwäsche stehen sie am Ufer des Sees.
Der Wind stürmt und pfeift.
„Oh, ist das kalt. So eisig habe ich mir das nicht vorgestellt", sagt Lisa.
„Komm, wir müssen uns beeilen. Ich halte das nicht lange aus", sagt Dirk.
Schon sind die beiden im Wasser. Dirk taucht einmal unter. Das Wasser ist so kalt, daß ihm alles weh tut.
„Laß uns von hier bis zu der kleinen Insel das Wettschwimmen machen", schlägt Dirk vor.
„Es ist mir zu kalt. Ich möchte kein Wettschwimmen machen, sondern lieber wieder rausgehen", sagt Lisa.
„Ja, das stimmt. Es ist wohl besser, sofort wieder rauszugehen. Wir können ja am Donnerstag in der Schule ein Wettschwimmen machen."
So schnell es geht, laufen Lisa und Dirk zu ihren Kleidern. Ihre Beine und Arme sind ganz blau vor Kälte. Mit ihren Pullovern trocknen sie sich ab. Schnell ziehen sie sich wieder an.
„Ich möchte jetzt sofort nach Hause fahren, um trockene Kleidung anzuziehen und um meine Haare zu fönen", sagt Dirk.
Schnell radeln die beiden nach Hause.
Dirks Mutter öffnet Dirk die Tür.
„Wie siehst du denn aus? Du hast ja ganz naße Haare und blaue Lippen",

ruft sie erschrocken. „Ist etwas passiert?"
„Nein, nein, es ist nichts passiert", murmelt Dirk. „Ich ziehe mich sofort um und föne meine Haare."
„Gute Idee, aber danach will ich wissen, warum du so naß bist."
Dirk bekommt ein schlechtes Gewissen. „Was soll ich meiner Mutter sagen? Die Idee von Lisa war wirklich nicht gut", denkt er.
„So, jetzt siehst du wieder trocken aus. Nun bin ich aber neugierig, was du gemacht hast", sagt die Mutter.
„Och, das Wasser hat ein bißchen gespritzt", stottert Dirk.
„Welches Wasser denn?" fragt die Mutter.
„Das Wasser vom See."
„Du sahst aber so aus, als ob du im See geschwommen wärest. Stimmt das?"
„Ja, das stimmt. Aber wirklich nur ganz kurz."
„Bei diesem kalten Wetter bist du tatsächlich geschwommen? Ich verstehe dich wirklich nicht. Im Sommer gehst du oft nicht ins Wasser, weil dir das Wasser zu kalt ist, und heute an diesem kalten Tag gehst du ins Wasser. Wie bist du denn auf diese Idee gekommen?"
„Es war ja nicht meine Idee. Ich wollte ja eigentlich auch nicht ins Wasser."
„Jetzt verstehe ich gar nichts mehr. Du wolltest nicht ins Wasser und gehst dann doch. War das Lisas Idee?" fragt die Mutter.
„Ja, aber ich mache das nicht noch mal", antwortet Dirk.
„Aber warum hast du ihr nicht gesagt, daß es viel zu kalt ist, schwimmen zu gehen?"
„Lisa hat gesagt, wenn ich sie liebe, muß ich das machen."
„Die Lisa ist ja sonst wirklich nett und vernünftig. Aber diese Idee ist nun wirklich ziemlich verrückt. Würdest du denn etwa aus dem Fenster springen, wenn Lisa das sagt?" möchte die Mutter wissen.
„Nein, das würde ich natürlich nicht machen."
„Es ist schon eine merkwürdige Idee, im eiskalten See zu schwimmen, um deiner Freundin zu zeigen, daß du sie liebst. Dafür gibt es doch viel bessere Ideen, z.B der Lisa ein nettes Geschenk zu machen oder ihr zu sagen, wie gerne du sie hast. Da fällt dir bestimmt etwas Nettes ein. Denk mal darüber nach."

Weitere Möglichkeiten, das Thema zu vertiefen

Gespräch zum Thema „Liebesbeweis"
Gesprächsimpulse: Aus Liebe sollte man alles tun, was der/die andere von mir verlangt – Wenn ich nicht alles mache, was der andere von mir will, macht er Schluß mit mir – Man sollte nur das machen, was man selber will –

Ideensammlung zum Thema: So kann ich jemandem zeigen bzw. sagen, daß ich ihn/sie liebe
evtl. Collage oder Bild malen.

Symbole der Liebe besprechen, herstellen, verschenken etc.
Symbole, die leicht verständlich sind, z.B. rote Rose aus einer Anzahl von Blumen heraussuchen, einkaufen und sie einem Menschen schenken, den man liebt oder gerne hat. Anschließend von den Reaktionen berichten.
Weitere Möglichkeiten: Ein Herz basteln (Papier, Holz, Pappmaché) oder backen oder malen oder...

8.2

8.3

9. „Ich finde das ungerecht, daß ich beim Schwimmen zugucken muß."

Die Schüler erfahren, daß Mädchen und Frauen eine Regelblutung haben und lernen Hygieneregeln dafür kennen.

Es ist Mittwochnachmittag. Dirk und Lisa sind in der Schule.
Lisa sagt: „Vergiß morgen nicht deine Badehose. Du weißt ja, morgen machen wir unser Wettschwimmen."
„Nee, die vergesse ich schon nicht. Morgen zeige ich dir, daß ich viel schneller bin als du", sagt Dirk.
Lisa lacht und sagt: „Angeber, manchmal schwimmst du doch wie eine lahme Ente."
Dirk lacht auch und antwortet: „Morgen werden wir dann ja sehen, wer von uns beiden die lahme Ente ist."
Lisa und Dirk umarmen sich und geben einander einen Abschiedskuß.
„Tschüß bis morgen, ich freue mich schon", sagt Dirk.
„Tschüß", ruft Lisa und steigt in ihren Bus ein.
Zu Hause legt sich Lisa auf ihr Bett und hört Musik.
Lisas Mutter klopft an und Lisa ruft: „Herein!"
„Lisa, ich fahre gleich mit Anne in die Stadt. Hast du Lust mitzukommen?" möchte die Mutter wissen.
„Nee, ich habe keine Lust. Mir tut mein Rücken weh und ich bin nicht so gut drauf."
„Bekommst du deine Tage?"
„Ich glaube nicht. Außerdem mache ich mit Dirk morgen ein Wettschwimmen", sagt Lisa.
„Dann schau doch mal in deinem Kalender nach, wann du das letzte Mal deine Tage hattest", schlägt die Mutter vor.
Lisa holt ihren Kalender, und sie sehen gemeinsam nach.
„Vor drei Wochen und drei Tagen hast du sie das letzte Mal bekommen. Von daher ist es gut möglich, daß du sie heute oder morgen bekommst", sagt die Mutter.
„Aber die vier Wochen sind doch noch nicht um. Außerdem mache ich morgen mit Dirk ein Wettschwimmen, das haben wir so abgesprochen."
„Manchmal kommen die Tage nicht genau alle vier Wochen, sondern ein paar Tage früher oder auch später."
„Ich habe aber keine Lust, beim Schwimmen zuzusehen", meint Lisa.
Die Mutter sagt: „Das kann ich gut verstehen, aber das ist nicht zu ändern. Ich fahre jetzt mit Anne in die Stadt. Mach's gut, bis später."

Lisa geht zur Toilette. Als sie ihre Hose runterzieht, sieht sie, daß in ihrer Unterhose etwas Blut ist.
Sie denkt: „So ein Mist, jetzt habe ich meine Tage bekommen und kann morgen nicht mit ins Wasser. Am besten, ich ziehe eine frische Unterhose an, damit die Jeans nicht auch noch schmutzig wird."
Lisa holt sich eine frische Unterhose und ein Paket mit Binden. Sie nimmt eine Binde heraus und macht die Klebestreifen ab. Dann legt sie die Binde in die Unterhose.
„Jetzt werden die Bauchschmerzen auch noch stärker. Ich nehme mir jetzt eine Wärmflasche und lege mich ins Bett", denkt Lisa.
Lisa füllt die Wärmflasche mit warmem Wasser und macht es sich in ihrem Bett gemütlich. Sie legt sich auf die Seite, drückt die Wärmflasche an ihren Bauch und zieht die Beine an.
„Die Wärmflasche tut richtig gut", denkt sie.
Nach einer Weile kommen ihre Mutter und Anne wieder.
„Wie geht es dir denn jetzt?" fragt ihre Mutter.
„Es geht etwas besser. Ich möchte aber noch liegenbleiben."
Am nächsten Morgen geht es Lisa wieder gut. Sie packt ihre Tasche für die Schule. Heute nimmt sie eine Packung Binden mit. Das Schwimmzeug läßt sie zu Hause.
„Denk bitte daran, daß du die Binde in jeder Pause wechselst", sagt ihre Mutter.
„Das weiß ich doch. Ich bin doch kein kleines Kind mehr."
Dirk und Lisa treffen sich in der Schule.
„Ich kann heute nicht mitschwimmen. Ich habe gestern meine Tage bekommen."
„Das ist doch nicht schlimm. Dann machen wir unser Wettschwimmen in der nächsten Woche", sagt Dirk.
Lisa geht mit den anderen Mädchen in die Umkleidekabine.
„Lisa, dusch dich bitte auch, bevor du dich auf die Bank setzt", sagt Frau Schneider.
„Warum denn das? Ich habe erst gestern geduscht."
Frau Schneider antwortet: „Wenn du deine Tage hast, ist es wichtig, sich ganz regelmäßig die Scheide zu waschen. Nachher, wenn wir schwimmen, kannst du uns ja zuschauen."
Lisa wird sauer und antwortet: „Das ist aber nicht in Ordnung. Ich finde das ungerecht, daß ich beim Schwimmen zugucken muß. Die Jungen dürfen immer schwimmen. Das ist ungerecht. Ich will, daß die Jungen auch mal die Tage bekommen."

> **Gespräch:**
>
> Warum bekommen Mädchen ihre Tage und Jungen nicht?
> Information über die biologischen Zusammenhänge. Abbildungen dazu in:
> I. Achilles u. a., Sexualpädagogische Materialien für die Arbeit mit geistig behinderten Menschen, S. 60
> Evtl. auf Pappmodell zurückgreifen (siehe Kap. 16, S.141)

„Das stimmt", sagt Frau Schneider, „aber daran ist nun nichts zu ändern. Jungen können keine Tage bekommen. Aber dafür können Jungen auch nicht schwanger werden. Es gibt aber eine Möglichkeit, die du vielleicht noch nicht kennst. Damit darfst du auch ins Wasser, wenn du deine Tage hast. Weißt du was ich meine?"
Lisa schüttelt den Kopf: „Meine Mutter hat gesagt, daß ich während dieser Zeit nicht schwimmen darf."
„Ich weiß, was du da machen kannst. Wenn du statt der Binde ein Tampon benutzt, dann kannst du trotzdem mit uns schwimmen gehen", schlägt Katrin vor.
„Hast du das denn schon mal gemacht?" möchte Lisa wissen.
„Ja, das ist nicht ganz einfach. Am Anfang hat meine Mutter mir ein bißchen dabei geholfen. Jetzt klappt es aber schon ganz gut alleine. Und es war beim Schwimmen kein Problem."
„Ich weiß aber nicht, wie das geht", sagt Lisa.
„Frag doch mal deine Mutter, ob sie dir dabei helfen kann", schlägt Frau Schneider vor.
„Nee, meine Mutter möchte ich nicht fragen. Ich glaube, die kennt sich mit so etwas nicht aus", sagt Lisa.
„Wenn du möchtest, kann ich es dir mal zeigen", sagt Katrin.
Frau Schneider sagt: „Ich bringe nächste Woche ein Tampon mit, und dann können Katrin und ich dir zeigen, wie es geht. Bist du damit einverstanden?"
„Ja klar, wenn ich dann nicht mehr beim Schwimmen zuschauen muß, immer", antwortet Lisa.

Weitere Möglichkeiten, das Thema zu vertiefen

• Evtl. nur mit den Mädchen der Klasse:

Gespräch zum Umgang mit der Menstruation:
Gesprächsimpulse: Wie fühle ich mich, wenn ich meine Menstruation habe? – Was muß ich bei der Körperhygiene beachten? – Kann ich am Sportunterricht teilnehmen? – Was tue ich bei Schmerzen?

Erlernen von Möglichkeiten, mit leichten Schmerzen umzugehen:
Das Herrichten einer Wärmflasche lernen. Einfache Beckenlockerungs- und Entspannungsübungen durchführen z.B. Beckenkreisen, Beckenstöße, tiefe Bauchatmung (mit einem Sandsäckchen als Sichtkontrolle auf den Bauch gelegt, gelingt dies auch vielen behinderten Schülern). Einen Kräutertee kochen z.B. Schafgarbe, Frauenmantel oder Johanniskraut.

Übungen zur Monatshygiene:
– Verschiedene Binden, Slipeinlagen und Tampons kennenlernen und einkaufen.
– Das Einlegen der Binden in den Slip üben. Vorteile und Nachteile der Binden bzw. Slipeinlagen besprechen. (evtl. Binde zu Demonstrationszwecken aufschneiden)
– Einführung eines Tampons am Model (z. B. von Pro Familia) üben.
– Im Gespräch ermitteln, ob es eine vertraute Person gibt, die das Einführen eines Tampons zeigen und mit dem Mädchen üben kann. (Es gibt Tampons mit Einführhilfe z.B. von o.b.) Dies ist sicher nur bei einem Teil der Schülerinnen möglich und sollte selbstverständlich auf Freiwilligkeit beruhen.
– Menstruationskalender erstellen und führen. (Viele Frauenärzte haben gute Vorlagen)

Gute Abbildungen zur Monatshygiene in: I. Achilles u. a., Sexualpädagogische Materialien für die Arbeit mit geistig behinderten Menschen, S. 61ff
Fotos zur Benutzung eines Tampons in: Rutgers Stichting, Geen Kind meer, S. 15

9.1

9.2

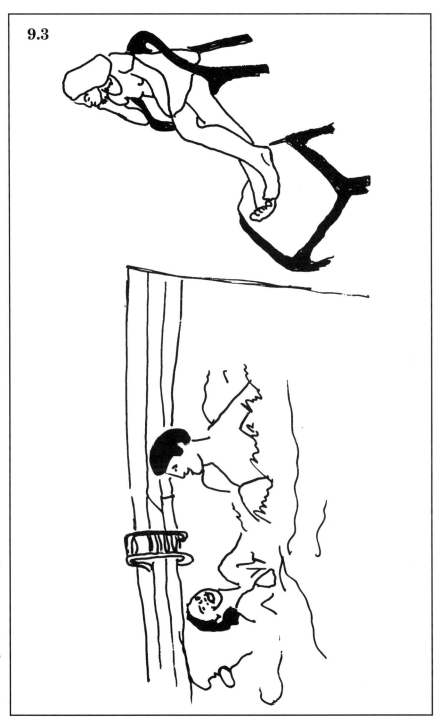

9.3

10. „Ich habe aber keine Lust dazu."

Die Schüler erfahren, daß Menschen zum Teil sehr verschiedene Interessen haben, und daß man auch in einer Partnerschaft nicht alles zusammen machen muß.

Ein Nachmittag im November, es regnet und ist kalt. Kein Wetter zum Fahrrad fahren, kein Wetter zum Spazierengehen.
Lisa und Dirk überlegen, was sie machen können.
„Laß uns doch ins Kino gehen", schlägt Lisa vor.
„Das ist eine gute Idee", sagt Dirk.
Sie gehen zum Kino und schauen sich die Plakate an.
„Ach, da läuft ja 'Kevin allein zu Hause', den möchte ich gerne sehen", sagt Dirk. „Der soll ganz toll sein. Sieh mal, der fängt um 4 Uhr an, da haben wir noch etwas Zeit."
„Nee, auf diesen Film habe ich keine Lust", sagt Lisa. „Den habe ich nämlich schon gesehen. Außerdem hat er mir nicht gefallen, er ist ja was für kleine Kinder und nichts für uns. Laß uns mal gucken, ob nicht ein anderer Film läuft."
Gemeinsam schauen sie nach, ob noch ein anderer Film läuft. Aber sie haben kein Glück. An diesem Nachmittag läuft nur „Kevin allein zu Haus". „Dann laß uns doch heute abend ins Kino gehen", schlägt Lisa vor. „Da laufen doch noch bessere Filme."
„Heute abend habe ich keine Zeit, weil ich zur Probe von meiner Musikband gehe. Ich muß unbedingt dort hin, denn wir haben am Sonntag einen Auftritt. Deshalb darf ich auf keinen Fall fehlen. Komm, stell dich nicht so an, laß uns jetzt in 'Kevin allein zu Haus' gehen. Der soll so lustig sein."
„Ich habe dir gerade schon gesagt, daß ich dazu keine Lust habe. Laß uns doch was ganz anderes machen", sagt Lisa.
„Keine Lust, keine Lust, stell dich doch nicht so an. Du bist schließlich meine Freundin, du kannst mal mit mir ins Kino gehen, auch wenn du keine Lust hast."
„Nein, ich habe wirklich keine Lust, der ist was für kleine Kinder, glaub mir das doch", meint Lisa.

Rollenspiel: Lisa und Dirk diskutieren über den Kinobesuch

Mögliche Interventionen:
Dirk: Du kannst doch mitkommen, auch wenn du den Film nicht magst – Ich will nicht alleine gehen – Wenn du mich liebst, kannst du das für mich doch machen

Lisa: Der Film ist blöd – Ich habe keine Lust – Ich kenne den Film schon – Geh doch mit jemand anderem – Geh doch ein anderes Mal, wenn ich etwas anderes vorhabe

„Soll ich dir mal einen Vorschlag machen?" fragt Lisa. „Wie wäre es denn, wenn du mit jemand anderem ins Kino gehst? Vielleicht haben ja Katrin und Michael Lust. Die beiden treffen sich heute nachmittag bei Michael. Was hältst du davon?"
„Ja, aber eigentlich möchte ich lieber mit dir gehen", sagt Dirk.
„Das glaube ich dir, aber ehe wir uns jetzt weiterstreiten, ist es doch besser, du fragst jemand anderen. Wenn die beiden nicht möchten, kannst du immer noch alleine gehen. Wir können uns doch morgen nachmittag wieder treffen."
„Ja, du hast recht. Ich gehe bei Michael vorbei und frage, ob er und Katrin Lust haben. Wenn nicht, gehe ich alleine."

Weitere Möglichkeiten, das Thema zu vertiefen

Spiel zur Wunschäußerung: Flaschendrehen – Ich mag...Ich mag nicht...
Eine Flasche oder ein Pfeil werden gedreht. Jeder Schüler, auf den der Flaschenhals zeigt, kann folgenden Satz beenden: Ich mag.........Ich mag nicht...... Die Schüler nennen nun Freizeitbeschäftigungen, Musikgruppen, Fernsehsendungen, Nahrungsmittel usw., die sie gerne mögen bzw. die sie nicht mögen. Bei diesem Spiel sollen eigene Vorlieben bzw. Abneigungen erkannt und benannt werden.

Arbeitsblätter zum Thema: „Wer bin ich?" – „Was möchte ich?"
Beispiele in: I. Achilles u. a., Sexualpädagogische Materialien für die Arbeit mit geistig behinderten Menschen, S. 64ff — D. Dittli/H. Furrer, Freundschaft – Liebe – Sexualität: Grundlagen und Praxisbeispiele für die Arbeit mit geistig behinderten Frauen und Männern, S. 59ff, 64ff

10.1

10.2

11. „Es ist jetzt Schluß zwischen uns."

Die Schüler erfahren, daß eine Liebesbeziehung zu Ende gehen kann und dies meistens sehr traurig ist.

Lisa, Dirk, Katrin und Michael stehen zusammen auf dem Schulhof.
„Was haltet ihr davon, wenn wir heute abend zum Treff in den Jugendclub gehen?" fragt Lisa. „Da kommt heute ein Discjockey hin, der soll immer super tolle Musik machen."
Dirk und Michael sind begeistert. „Klar doch, laßt uns da mal zusammen hingehen", sagt Dirk.
„Ich habe auch Lust dazu", sagt Michael. „Was ist mit dir, Katrin? Du kommst doch auch mit, oder?"
„Ich weiß es noch nicht. Ich habe gehört, daß der Discjockey nur so Techno-Kram spielt. Dazu habe ich keine Lust."
„Ach, tut mir leid, ich habe ja vergessen, daß du erst 8 Jahre alt bist und noch keine Technomusik hörst. Dann bring du doch deine Kindermusik mit. Wenn du den Discjockey fragst, legt er sicher für dich auch mal deine Kindermusik auf."
Katrin macht ein ärgerliches Gesicht und geht weg.
In der nächsten Pause stehen Michael und Katrin wieder zusammen.
„Was ist denn nun mit dir?" fragt Michael.
„Ich bleibe heute abend lieber zu Hause", antwortet Katrin.
„Du bist eine richtige Spielverderberin", sagt Michael. „Ich fände es schön, wenn wir mal wieder zusammen auf eine Fete gehen."
„Letzte Woche wollte ich mit dir zu einer Fete bei uns im Jugendheim gehen. Da hattest du aber keine Lust", sagt Katrin.
„Auf Kinderfeten mit Spielchen habe ich wirklich keine Lust. Das weißt du doch. Na gut, dann bleibst du heute abend eben zu Hause. Dann kannst du auch noch die 'Sesamstraße' gucken", sagt Michael und geht.
„Wenn du mich weiter so nervst, dann suche ich mir bald einen neuen Freund. Ich bin es leid mit dir", ruft Katrin ihm hinterher.
Am nächsten Tag treffen sich Katrin und Michael in der Schule wieder.
„Ich möchte mich heute nachmittag gerne mit dir treffen", sagt Michael zu Katrin.
„Dafür ist es zu spät. Ich habe lange darüber nachgedacht. Es ist jetzt Schluß zwischen uns. Ich habe keinen Bock mehr, mit dir zu gehen. Du bist so unfreundlich zu mir und machst mich vor den anderen lächerlich", sagt Katrin.
„Das kannst du doch nicht machen. Katrin, ich mag dich doch. Das war

gestern nicht so gemeint. Ich weiß, ich war gemein zu dir. Das soll nicht wieder vorkommen", sagt Michael.

„Das hättest du dir eher überlegen sollen. Nicht nur wegen gestern möchte ich nicht mehr mit dir gehen. Es ist zu spät, es ist jetzt wirklich Schluß", sagt Katrin.

„Katrin, sei ehrlich, gehst du jetzt mit einem anderen Jungen?" möchte Michael wissen.

„Nein, das ist nicht der Grund. Ich finde, wir hatten in letzter Zeit so oft Streit miteinander, da ist es besser, daß wir uns trennen."

„Ich liebe dich aber immer noch", sagt Michael.

Katrin schaut ihn traurig an und geht.

Michael fühlt sich wie vor den Kopf geschlagen. Er weiß nicht mehr, was er denken soll. Am liebsten würde er weinen. Dirk sieht Michael alleine stehen.

„Du siehst aber traurig aus. Was ist passiert?" fragt Dirk.

„Alles Scheiße", antwortet Michael.

- **Evtl. kann die Geschichte an dieser Stelle beendet werden**

Rollenspiel: Dirk und Michael im Gespräch

Mögliche Interventionen
Michael: Ich liebe Katrin immer noch – Ich will immer mit ihr zusammen sein – Vielleicht hat sie morgen unseren Streit schon wieder vergessen – Ich glaube, sie hat einen anderen Freund und traut sich nicht, mir das zu sagen – Ich werde von nun an freundlicher zu ihr sein – Ich glaube, sie will gar nicht richtig mit mir Schluß machen. Sie tut nur so – Das war doch halb so schlimm gestern. Katrin stellt sich aber an

Dirk: Wenn du möchtest, können wir uns ja mal zu Hause in Ruhe treffen – Ich kann verstehen, daß du jetzt traurig bist – Wein doch, wenn dir danach ist. Das hilft – Ruf sie doch noch mal an – Sag ihr, du willst sie noch einmal unbedingt sprechen – Entschuldige dich bei ihr – Such dir eine neue Freundin

Michael erzählt Dirk, was passiert ist.

„Das ist ja wirklich Mist", sagt Dirk. „Wenn du möchtest, können wir uns heute nachmittag treffen und noch mal darüber reden."

Am Nachmittag treffen die beiden sich bei Dirk zu Hause.

„Ich kann es nicht glauben, daß Katrin wirklich mit mir Schuß gemacht hat. Ich finde es auch nicht in Ordnung, nur weil ich einmal unfreundlich zu ihr war."

Dirk schlägt vor: „Trefft euch doch noch mal, um miteinander zu sprechen. Vielleicht überlegt sich Katrin das noch mal mit eurer Trennung."

„Heute morgen habe ich ihr das auch vorgeschlagen, da wollte sie nicht. Sie meint, es wäre zu spät", sagt Michael.

„Du darfst doch jetzt nicht direkt aufgeben. Sag ihr das morgen noch mal, daß du mit ihr sprechen möchtest", meint Dirk. „Und weißt du, ich habe noch mal darüber nachgedacht, wie du neulich mit ihr umgegangen bist. Ich fand es nicht in Ordnung, wie du sie mit ihrer Kindermusik lächerlich gemacht hast."

„Ja, das weiß ich. Das war wirklich nicht in Ordnung. Soll auch nicht mehr vorkommen. Ich werde es morgen noch mal versuchen, mit ihr zu sprechen."

Traurig geht Michael nach Hause.

Er legt sich auf sein Bett und denkt lange nach. Er ist sehr traurig.

Am nächsten Morgen geht er zu Katrin und sagt: „Ich möchte dich unbedingt noch mal sprechen. Ich habe ganz viel über unsere Freundschaft nachgedacht."

„O.K.", sagt Katrin, „wir können uns ja noch mal unterhalten. Ich habe auch über uns nachgedacht."

Nachmittags treffen die beiden sich bei Michael zu Hause.

Rollenspiel: Katrin und Michael im Gespräch

Mögliche Interventionen

Katrin: Ich finde dich zwar immer noch ganz nett, möchte aber trotzdem nicht mehr mit dir zusammen sein – Du nervst mich – Wir haben ständig Streit – Du warst sehr oft unfreundlich zu mir – Wir passen nicht zusammen – Ich meine es ernst, daß zwischen uns jetzt Schluß ist

Michael: Entschuldige bitte meine Unfreundlichkeiten – Ich liebe dich doch – Streit ist doch etwas ganz Normales, deshalb muß man doch nicht Schluß machen – Du bist zu empfindlich – Gib mir bitte noch eine Chance

„Es tut mir wirklich leid, daß ich mich über deine Musik lustig gemacht habe. Entschuldige bitte", sagt Michael.

„Ja, ist schon gut. Wir beide haben einen sehr unterschiedlichen Musikgeschmack", sagt Katrin.

„Gib mir bitte noch eine Chance und mach nicht deshalb Schluß", sagt Michael.

„Ich möchte aber wirklich nicht mehr. Wir haben uns doch in den letzten Wochen jeden Tag gestritten", sagt Katrin.

„Aber Streit ist doch etwas ganz Normales. Außerdem haben wir uns doch immer wieder vertragen", sagt Michael.

„Das stimmt schon. Es ist normal, daß man sich zwischendurch streitet, aber doch nicht jeden Tag. Manchmal haben wir uns in jeder Pause gestritten. Das ist einfach zuviel. Ich habe keine Lust mehr."

„Gib mir bitte doch noch eine Chance", sagt Michael.

„Weißt du, ich habe dir so viele Chancen gegeben, aber es hat sich nichts verändert. Wenn ich dir heute noch eine Chance gebe, willst du morgen noch eine. Und übermorgen willst du dann auch wieder eine. Nein, ich möchte nicht mehr, es ist jetzt Schluß. Du bist zwar ein netter Kerl, aber es ist trotzdem Schluß. Ich gehe jetzt am besten nach Hause."

Als Katrin gegangen ist, legt Michael sich auf sein Bett und weint.

Weitere Möglichkeiten, das Thema zu vertiefen

Erfahrungsaustausch über eigene erlebte Trennungen
Von wem oder was mußtest du dich trennen? – Wie hast du dich dabei gefühlt? – Was hast du getan? – Wie geht es dir heute mit dieser Trennung?

Erfahrungsaustausch zum Thema „Trost"
Welche Menschen trösten mich, wenn ich traurig bin? – Wie habe ich schon mal jemanden getröstet? – Was hilft mir, wenn ich traurig bin? Evtl. Diskussion über gefährliche „Tröster" wie Genußmittel, Medikamente, Rachepläne und ähnliches.

Bilder von traurigen, weinenden Männern und Frauen besprechen
Die Bilder betrachten, Gedanken und Geschichten dazu artikulieren und assoziieren. Dabei Trauer als wichtiges Gefühl kennenlernen, das gelebt werden darf, sich mit der Zeit wandelt und vergeht (besonders wichtig für „starke" Jungen).

Lieder von verlassenen Liebenden hören und darüber ins Gespräch kommen
z.B. Jetzt ist sie weg, Die Phantastischen Vier (CD: Lauschangriff)
    Kein Liebeslied, Prinzen (CD: Alles nur geklaut)
    Ja ich lieb dich überhaupt nicht mehr, Udo Lindenberg (CD: Gänsehaut)
    Marleen, Marianne Rosenberg (CD: Remix 90)

11.1

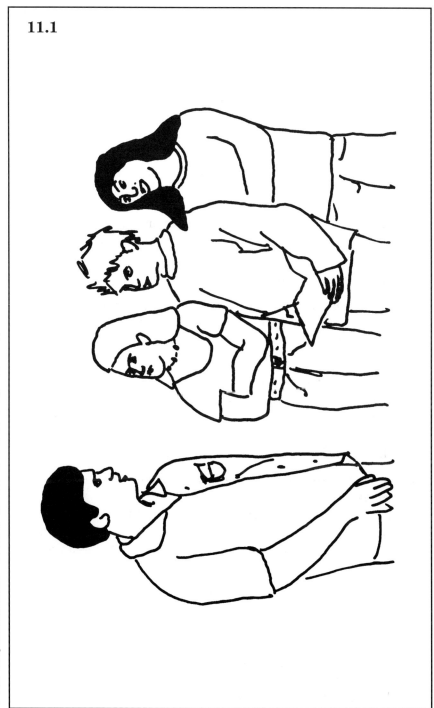

11.2

— 94 —

11.3

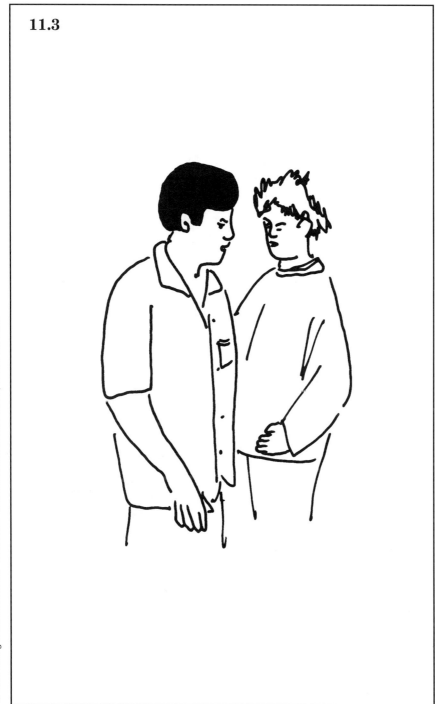

11.4

11.5

12. Lisa und Dirk sind zärtlich miteinander

Die Schüler erfahren, daß körperliche Zärtlichkeiten sehr angenehm sind und werden ermutigt zu äußern, welche Formen der körperlichen Zuneigung sie als angenehm empfinden. Außerdem lernen sie, daß jeder Körper anders aussieht und jeder unterschiedliche Vorstellungen von Schönheit hat.

Am Samstagnachmittag geht Dirk Lisa besuchen.
Lisa öffnet ihm die Tür und sagt: „Toll, daß du da bist. Ich habe mich auf diesen Tag mit dir riesig gefreut. Meine Eltern sind mit Anne zu Opa und Oma gefahren, sie kommen erst ganz spät wieder. So haben wir jetzt viel Zeit füreinander, und keiner kann uns stören."
„Ich habe mich auch sehr gefreut, mit dir zusammen zu sein, und keine Anne kann uns stören."
Lisa und Dirk gehen in Lisas Zimmer.
„Ich habe dir etwas mitgebracht", sagt Dirk.
„Du hast mir etwas mitgebracht? Ich habe doch keinen Geburtstag."
„Oh, ich hatte Lust, dir etwas zu schenken, einfach so, weil ich dich mag." „Das ist aber nett von dir."
Dirk gibt Lisa ein kleines Päckchen. Lisa fühlt vorsichtig über das Papier. „Was mag das wohl sein?"
Sie öffnet das Päckchen, und zwei Ohrringe sind zu sehen.
„Die sind aber schön. So tolle Ohrringe habe ich noch nie gehabt. Lila ist ja auch meine Lieblingsfarbe. Das ist aber wirklich nett von dir. Vielen, vielen Dank."
Lisa gibt Dirk einen Kuß. Dirk macht die Ohrringe vorsichtig an Lisas Ohrläppchen fest.
„Super siehst du damit aus. Die stehen dir einfach super."
Lisa schaut sich im Spiegel an.
„Die hast du wirklich gut ausgesucht." Lisa strahlt und Dirk auch.
Lisa und Dirk legen sich auf Lisas Bett. „Ich glaube, ich lege die Ohrringe jetzt doch besser ab, die stören beim Schmusen."
Lisa und Dirk rutschen ganz eng zusammen. Dirk streichelt Lisas Haare.
„Die fühlen sich so schön weich an", sagt er.
Lisa streichelt Dirks Rücken und kitzelt ihn ganz vorsichtig.
„Das ist schön, wie du das machst", sagt Dirk.
Dirk schiebt Lisas Pullover hoch und streichelt ihr den Rücken.
Lisa mag das sehr gerne. Sie zieht ihren Pullover aus, und Dirk zieht

sein Hemd aus. Sie kuscheln wieder ganz eng aneinander.

„Das kribbelt am ganzen Körper, wenn du mich am Rücken streichelst", sagt Dirk und küßt Lisa auf den Nacken.

Lisa küßt Dirk vorsichtig das Gesicht und streichelt ihn an seinen Schultern.

Am liebsten würde Lisa ihren BH ausziehen, damit Dirk ihren Busen streicheln kann. Aber sie traut sich nicht.

„Was wird Dirk wohl denken, wenn er meinen Busen nackt sieht?" denkt Lisa. „Neulich, als ich beim Duschen mit den anderen Mädchen über unseren Busen gesprochen habe, sagte Katrin, daß mein Busen ziemlich klein ist. Hoffentlich findet Dirk meinen Busen schön. Es wäre bestimmt ganz toll, wenn Dirk meinen Busen streicheln würde."

Identifikationsspiel: Wenn ich Lisa, wenn ich Dirk wäre, würde...

Jeder Junge nimmt sich Dirks Uhr und vermutet, was Dirk denkt und fühlt.

Jedes Mädchen nimmt sich Lisas Kette und vermutet, was Lisa denkt und fühlt.

„Ach quatsch", denkt sie, „wenn Dirk mich mag, dann stört es ihn auch nicht, daß mein Busen zu klein ist."

Sie zieht ihren BH aus und hat ein bißchen Angst dabei. Ein wenig ist sie dabei auch verlegen und aufgeregt.

„Der stört beim Schmusen", sagt sie.

„Das finde ich auch", sagt Dirk und lacht sie an.

Dirk freut sich, daß Lisa ihren BH ausgezogen hat.

Er streichelt ihren Busen.

Er ist ein bißchen aufgeregt und denkt: „Hoffentlich mache ich nichts falsch."

„Ist es so richtig?" fragt er Lisa.

„Ja", sagt sie, „das habe ich sehr gerne."

„Ich finde deinen Busen sehr schön. Er fühlt sich so weich an."

Dirk beugt sich etwas nach unten und küßt Lisas Busen.

„Dein Herz klopft ja ganz schnell", sagt er.

Lisa legt ihre Hand auf seine Brust und sagt lachend: „Ich glaube, deines ist noch viel, viel schneller."

Weitere Möglichkeiten, das Thema zu vertiefen

Bilder von verschiedenen Busen anschauen und darüber reden
Abbildungen in: S. Schneider/B. Rieger, Das Aufklärungsbuch, S. 18f
Fotos in: Rutgers Stichting, Geen Kind meer, S. 10

Umfrage zum Thema „Busen" machen
Welchen Busen findest du am schönsten? Ergebnis reflektieren

Bilder zum Thema „Schöner Mann" und „Schöne Frau"
Bilder von „Alltagsmenschen" anschauen und vergleichen. Wahl des schönsten Mannes bzw. der schönsten Frau durchführen. Wahlergebnisse vergleichen, evtl. mit den Ergebnissen einer Nachbarklasse. Hier geht es nicht darum, Klischeebildung zu betreiben, sondern zu zeigen, daß Menschen unterschiedliche Vorstellungen von Schönheit haben.

„Das gefällt mir an dir."
Jeder sagt seinen Mitschülern, was er am anderen schön findet.

„Das gefällt mir an mir"
Jeder sagt seinen Mitschülern, was er an sich selber schön findet. Evtl. auch Gespräch, was der einzelne am eigenen Körper nicht mag.

Die erogenen Zonen
Die erogenen Zonen des Mannes und der Frau auf eine entsprechende Körperskizze eintragen.

Gespräch über Homosexualität: Jungen schmusen mit Jungen, Mädchen schmusen mit Mädchen
Die Schüler erfahren, daß Heterosexualität nur eine mögliche Form einer Liebesbeziehung ist. Mögliche Vorurteile gegenüber homosexuellen Paaren sollten besprochen werden.
Abbildungen in: H. Dixon/A. Craft, Mach dir selbst ein Bild, II 42ff
Fotos in: Bei Liebe klickt´s – Liebe, Freundschaft, Sexualität, S. 46f
Abbildungen und Fotos in: Rutgers Stichting, Geen Kind meer, S.24ff

Massageübungen
Die Schüler massieren sich paarweise. ▶

Exkurs Massageübungen

Voraussetzung für Massageübungen ist, daß die Schüler der Klasse miteinander vertraut sind und sich akzeptieren. Schüler mit akuten Verletzungen (z.B. Sehnen-, Bänder- oder Muskelrissen) oder akuten Entzündungen (z.B. Venen-, Gelenk- oder Knochenentzündungen) sollten nicht an diesen Übungen als zu Massierender teilnehmen. Bei starker Akne darf keine Gesichtsmassage gemacht werden.

Der Raum wird mit Tischen, Stühlen, Matratzen, Decken und Kissen in kleine Nischen eingeteilt und so für jedes Paar ein Liegeplatz geschaffen. Jeder Schüler sucht sich einen Partner aus, und es ist unbedingt notwendig, daß beide Partner mit der Wahl einverstanden sind. Die Schüler dürfen Kleidungsstücke, wenn sie möchten, ausziehen. Niemand sollte dazu aber angehalten oder gar gezwungen werden.

Wichtig ist auch, Außenstörungen durch ein Schild an der Tür zu verhindern.

Mit Hilfe von ruhiger, meditativer Musik wird eine ruhige harmonische Grundstimmung erzeugt. Massageöl kann angeboten, evtl. selber hergestellt werden.

Die Lehrerin sollte die einzelnen Massagemöglichkeiten an einem Schüler, der sich bereit erklärt hat, demonstrieren. Es geht bei diesen Übungen nicht um eine medizinisch oder anders therapeutisch wirkende Massage, sondern um eine einfache Entspannungsmassage. Alle tiefgreifenden und mit starkem Druck ausgeführten Massagebewegungen, mit starkem Druck ausgeführte Streichungen, Muskelknetungen oder Muskelreibungen sollten vermieden werden. Möglich sind außer sanften Streichungen Muskelschüttelungen und leichte Muskelklopfungen.

Die Schüler werden dazu angehalten, sich mit ihrem Partner auszutauschen, welchen Druck er als angenehm empfindet und an welchen Stellen er besonders gerne gestreichelt bzw. massiert werden möchte. Der massierende Schüler sollte nur so massieren, daß es ihm auch angenehm ist. Auch nichtsprachliche Kommunikationswege (z.B. Schnurren, Stöhnen, Kuscheln) sollten ausprobiert werden.

Massiert werden können: Arme und Hände, Rücken, Brust, Gesicht, Füße, d.h. der ganze Körper bis auf die Wirbelsäule und die Geschlechtsteile. Die Schüler müssen sonst auf die „Öffentlichkeit" des Raumes aufmerksam gemacht werden (siehe auch Kapitel 7).

12.1

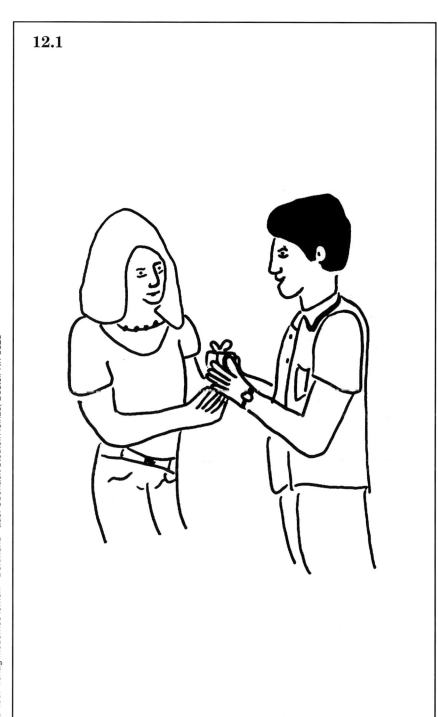

12.2

12.3

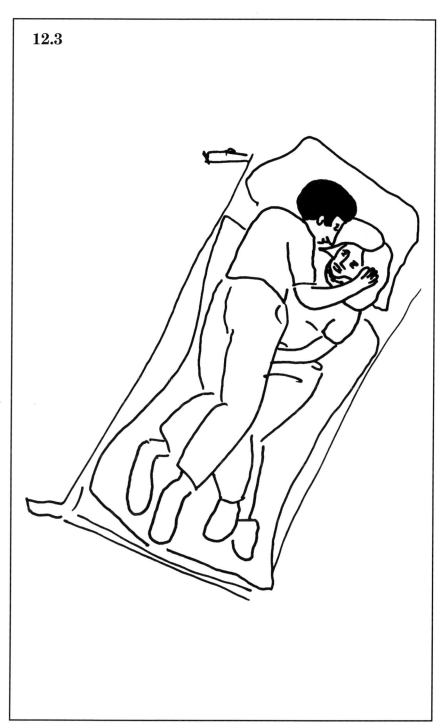

12.4

12.5

12.6

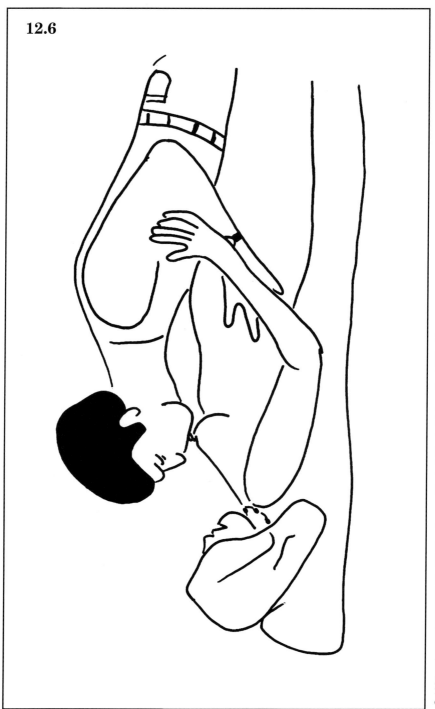

13. Lisa onaniert

Die Schüler erfahren, wie ein Mädchen onaniert, daß dies erlaubt ist und dabei ein schönes Gefühl entsteht. Sie erfahren ferner, daß man nicht überall onanieren darf.

Die Sportstunde ist vorbei. Alle Schüler und Schülerinnen gehen in die Umkleidekabinen, um sich zu duschen.
„Ach, tut das gut, jetzt zu duschen", sagt Lisa.
„Stimmt", sagt Katrin. „Ich bin sehr geschwitzt, weil wir beim Basketball so viel laufen mußten."
Die Mädchen waschen sich die Haare und seifen sich ein.
„Beeilt euch", sagt Frau Schneider. „Wir wollen ja gleich noch den Geburtstag von Katrin feiern."
Die Mädchen beeilen sich, nur Lisa ist heute etwas langsamer. Ihr macht das Duschen sehr viel Spaß, und sie hat keine Lust, sich zu beeilen.
„Geht schon mal in die Klasse", sagt sie den anderen. „Ich komme nach."
Mittlerweile ist Lisa alleine im Waschraum. Sie nimmt den Duschkopf in die Hand und besprüht ihren ganzen Körper von oben nach unten. Das warme Wasser kribbelt so schön auf ihrer Haut. Am liebsten hat sie es, wenn sie ihre Scheide besprüht. Das gibt ein schönes, angenehmes Kribbeln dort. Weil es Lisa so viel Spaß macht, möchte sie nicht mehr aufhören. Mit ihrer anderen Hand streichelt sich Lisa vorsichtig an ihren Schamlippen. Ihre Scheide fühlt sich weich und feucht an. Das Kribbeln wird immer stärker und ist am ganzen Körper zu spüren, an den Beinen, dem Rücken und am Busen.
Plötzlich schreckt Lisa auf. Ihre Freundin Katrin steht vor ihr. Lisa hatte nicht bemerkt, daß jemand in den Waschraum gekommen war.
Katrin ist etwas verlegen: „Eh, ich wollte sehen, wo du bleibst. Wir wollen doch meinen Geburtstag jetzt feiern."

> **Rollenspiel: Lisa und Katrin im Duschraum**
>
> • Evtl. nur mit den Mädchen
> *Mögliche Interventionen:*
> Katrin: Was machst du denn da? – Was hättest du gemacht, wenn jetzt jemand anderes gekommen wäre? – Ich mache so etwas nur bei mir im Bett
> Lisa: Mit dem Duschkopf auf meine Scheide sprühen, macht ein echt geiles Gefühl – Sei doch nicht so empfindlich, schließlich sind wir doch Freundinnen – Na und, ist mir doch egal

Am Nachmittag ist Lisa bei Katrin eingeladen. Sie ist schon früher gekommen, um Katrin beim Tischdecken und Schmücken zu helfen. Die beiden sitzen in Katrins Zimmer.
„Du Lisa, ich wollte dir noch etwas sagen", sagt Katrin.
„Wegen heute morgen?" fragt Lisa.
„Ja, ich fand das nicht so gut, daß du in der Schule an deiner Scheide spielst. Ich finde, so etwas solltest du besser zu Hause machen, wenn dich keiner stört. Stell dir mal vor, da wäre jemand ganz anderes reingekommen?"
„Ja, aber du bist doch meine Freundin. Dann ist das doch nicht so schlimm", sagt Lisa.
„Das hat doch nichts damit zu tun, daß ich deine Freundin bin. Zuhause in deinem Zimmer kannst du das machen oder unter der Dusche, wenn die Türe vom Badezimmer abgeschlossen ist. Das geht doch keinen etwas an, wie du dich selber befriedigst, auch nicht deine Eltern."
„Ja, du hast recht. Beim nächsten Mal mache ich das nicht mehr in der Schule. Zu Hause passe ich auf, daß auch wirklich keiner dazu kommen kann."

Lisas Eltern wollen ins Kino gehen.
„Tschüß, Lisa", sagt die Mutter. „Du weißt ja, es kann spät werden, bis wir wieder zu Hause sind."
Lisa ist froh, daß Anne schon schläft. Sie läßt Wasser in die Badewanne einlaufen und macht sich ein warmes Schaumbad.
Lisa liegt in der Wanne. „Ach ist das schön, so in der Wanne zu liegen. Das ist so richtig entspannend."
Lisa streichelt mit ihren Händen über ihren Busen und über ihren Bauch.
Vorsichtig berührt sie mit ihren Fingerspitzen ihre Brustwarzen. Dabei fühlt sie sich sehr wohl und atmet tief und entspannt durch. Die Brust-

warzen sind jetzt nicht mehr weich, sondern sie fühlen sich härter und fester an. Wenn Lisa ihre Brustwarzen streichelt, spürt sie ein zartes Kribbeln an ihrer Scheide.
Dann berührt Lisa ihre Scheide. Sie streichelt sich über ihre Schamlippen. Die Schamlippen sind geschwollen und fühlen sich sehr weich an. Das Gefühl in ihrem Körper wird immer schöner. Dann faßt sie sich zwischen die Schamlippen vorsichtig in die Scheide. Am Eingang der Scheide spürt sie den Kitzler. Er fühlt sich so ähnlich wie ein Kirschkern an. Lisa massiert den Kitzler mit einem Finger. Das Kribbeln in ihrem Körper wird immer stärker. Ihr Atem wird schneller und heftiger, und ihr Herz klopft stark. Plötzlich hat sie das Gefühl, als ob sich eine Welle durch ihren Körper bewegt.
Jetzt ist die Spannung in Lisas Körper weg. Lisa ist ganz ruhig und entspannt. Ihr Atem wird wieder ruhiger. Lisa fühlt sich wohl und zufrieden.

Weitere Möglichkeiten, das Thema zu vertiefen

- Evtl. nur mit den Mädchen der Klasse oder Jungen und Mädchen getrennt unterrichten

Bilder von einem Mädchen betrachten, das onaniert
Abbildungen in: H. Dixon/A. Craft, Mach Dir selbst ein Bild, IV 36ff – Rutgers Stichting, Geen Kind meer, S. 12/19

Bilder von der Scheide betrachten
Teile der Scheide (innere und äußere Schamlippen, Klitoris, Hymen) benennen. Evtl. zeigen, wie man mit einem Handspiegel die eigene Scheide betrachten kann und die Schülerinnen ermutigen, dieses zu Hause einmal auszuprobieren. Abbildungen und Fotos in: W. Mc Bride, Zeig mal!, S. 94/102f – H. Dixon/A. Craft, Mach Dir selbst ein Bild, I 42ff – I. Achilles u. a., Sexualpädagogische Materialien für die Arbeit mit geistig behinderten Menschen, S. 38 – Rutgers Stichting, Geen Kind meer, S. 9/12/34f

Verschiedene Stimulationsformen besprechen
Hand, Dusche, Vibrator, an einem Kissen oder ähnlichen Gegenstand reiben. Evtl. Erfahrungsaustausch unter den Mädchen, ob und wie sie sich selber befriedigen. ▶

Gespräch über den weiblichen Orgasmus – Vorlesen orgiastischer Erfahrungen
Gesprächsimpulse: – Ich habe Angst davor – Ich fühle mich dabei ganz toll – Ich fühle mich danach glücklich /traurig – Ich bekomme keinen Orgasmus – Textbeispiel in: L. Garfield Barbach, For Yourself, Frankfurt/Berlin 1992, Uhlstein, S. 82ff

- Mit der ganzen Klasse

Gespräch: Wo darf ich mich befriedigen?
Regeln für den Umgang mit der Selbstbefriedigung aufstellen z.B. durch kurze Situationsbeschreibungen oder entsprechende Bildkarten. Mit den Eltern und Schülern abklären, welche Orte, gegebenenfalls auch welche Zeiten, für dieSelbstbefriedigung genutzt werden können (siehe auch Kapitel 7, S. 62). Abbildungen in: H. Dixon/ A. Craft, Mach Dir selbst ein Bild, IV 36ff — Rutgers Stichting, Geen Kind meer, S. 43f

13.1

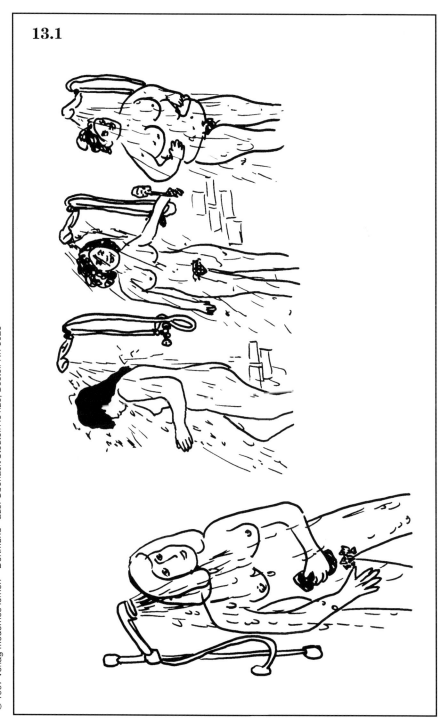

13.2

13.3

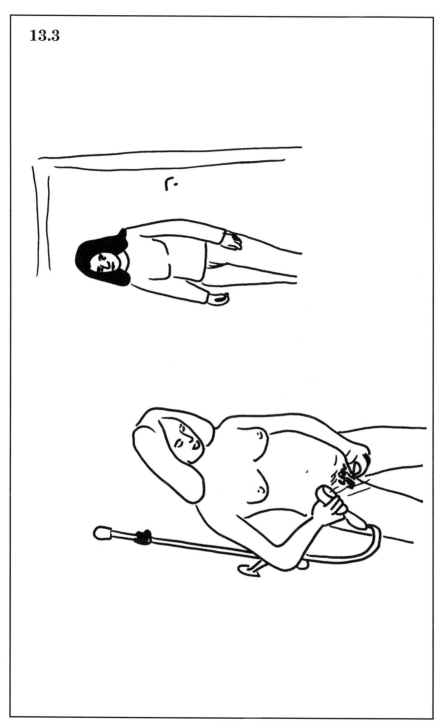

13.4

13.5

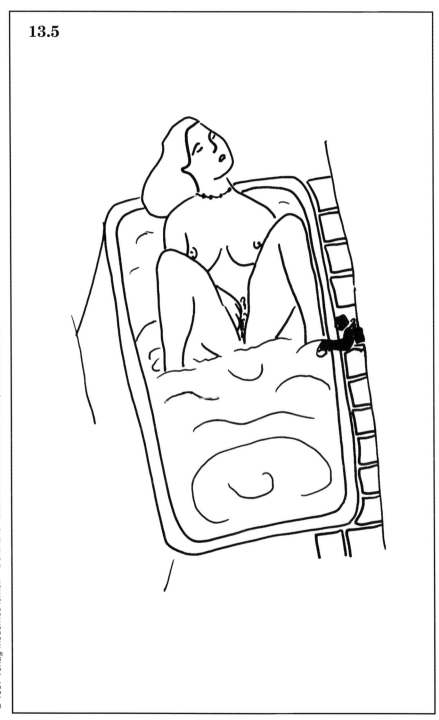

14. Dirk onaniert

> *Die Schüler erfahren, wie ein Junge onaniert, daß dies erlaubt ist und daß dabei ein schönes Gefühl entsteht.*

Dirk ist in seinem Zimmer. Es ist recht spät. Seine Eltern sind schon ins Bett gegangen.
Die ganze Zeit denkt Dirk an Lisa. Er freut sich darauf, sie morgen in der Schule wiederzusehen.
Dirk denkt: „Schade, daß Lisa nicht hier ist. Ich würde jetzt gerne mit ihr schmusen."
Dirk setzt sich auf sein Bett und streichelt sich an seinem Penis. Das ist ein schönes Gefühl. Es kribbelt am ganzen Körper. Dirk zieht seine Jeans und seine Unterhose aus und setzt sich auf sein Bett.
Seine Hand umfaßt seinen Penis und massiert diesen vorsichtig auf und ab. Sein Penis wird dabei groß und steif. Das Kribbeln in seinem Körper wird immer stärker. Sein Atem wird heftiger und schneller, die Spannung in seinem Körper größer. Dirk ist sehr erregt. Er bewegt seine Hand immer schneller. Plötzlich hat er das Gefühl, als ob eine Welle sich durch seinen Körper bewegt. Das ist ein schönes Gefühl. Eine Flüssigkeit spritzt aus seinem Penis. Danach wird er wieder ruhiger und entspannter. Er ist ein bißchen erschöpft.
Dirk ist verwirrt. Er weiß nicht genau, was mit seinem Penis passiert ist. Außerdem hat er schon mal gehört, daß es für Jungen verboten ist, mit ihrem Penis zu spielen.
Dirks Bauch ist naß von der Samenflüssigkeit. Sie fühlt sich klebrig an. Dirk möchte nicht, daß die Bettwäsche naß wird. Er hat Angst, daß es Flecken gibt, und seine Mutter dann mit ihm schimpft. Dirk nimmt ein Taschentuch und wischt sich trocken.
Er liegt auf seinem Bett und denkt noch lange nach. Es hat ihm Spaß gemacht, und er fühlt sich jetzt zufrieden und entspannt.
Aber er ist unsicher: „Das war ja gerade ein echt geiles Gefühl. Manche Leute sagen aber, daß Jungen so etwas nicht machen dürfen, weil sie davon krank werden." Dirk denkt weiter nach: „Am besten ich frage mal jemanden, ob es schlimm ist, wenn Jungen mit ihrem Penis spielen. Aber wen soll ich fragen? Meine Eltern vielleicht? Nee, lieber nicht, die finden das vielleicht nicht so gut und meckern dann mit mir. Und wenn ich mit Lisa darüber spreche? Lisa meckert bestimmt nicht mit mir, aber ich traue mich nicht, mit ihr über so etwas zu sprechen. Und mit Torsten, meinem älteren Bruder? Ja, mit Torsten, das ginge doch bestimmt.

Der kann doch ganz gut zuhören, wenn ich mal von meinen Problemen erzähle, und der ist ja auch schon ein bißchen älter und kennt sich mit so etwas bestimmt aus."

An einem Nachmittag, an dem die Eltern nicht zu Hause sind, geht Dirk zu Torsten ins Zimmer. Es ist ihm etwas peinlich, Torsten zu fragen.

„Wie siehst du denn aus? Du machst so ein miesepetriges Gesicht. Hast du in eine saure Zitrone gebissen?" fragt Torsten ihn. „Ist was passiert?"
Dirk nickt.
„Ist denn was Schlimmes passiert?" fragt Torsten.
„Ich weiß nicht so recht", antwortet Dirk.
„Ja, dann erzähl doch mal", fordert Torsten ihn auf.
Dirk ist unsicher. Er weiß nicht, was er sagen soll und hat Angst, daß Torsten ihn auslacht.

Rollenspiel: Dirk redet mit Torsten

- Evtl. nur mit den Jungen bzw. Jungen und Mädchen getrennt unterrichten

Die Jungen spielen Dirk und dürfen Torsten (Lehrerin) alle Fragen und Befürchtungen, die sie zum Thema „Selbstbefriedigung" haben, stellen.

Mögliche Interventionen
Dirk: Manchmal habe ich einfach Lust dazu – Manchmal mache ich es zwischendurch, weil ich es sonst nicht mehr aushalte – Bin ich normal? – Machen andere Jungen das auch? – Kann ich davon krank werden? – Ich finde es schön – Manchmal schäme ich mich deshalb – Manchmal ekle ich mich deshalb – Ich möchte nicht, daß Mutter merkt, daß die Bettwäsche klebrig ist – Manchmal denke ich dabei an Lisa – Manchmal denke ich an ein Mädchen, das ich nackt in der „Bravo" gesehen habe – Manchmal bin ich danach glücklich – Manchmal bin ich danach traurig

„Du brauchst keine Angst zu haben", sagt Torsten. „Ich erzähle es auch keinem weiter."
„Manchmal spiele ich mit meinem Penis. Ist das eigentlich verboten?"
„Nein, warum soll das verboten sein?"
„Ich habe das schon mal gehört."
„So ein Quatsch. Manche Leute erzählen einfach Quatsch. Wenn du Spaß daran hast, darfst du deinen Penis streicheln und massieren."

„Und wenn dabei etwas passiert?"
„Du meinst, wenn du dabei einen Samenerguß bekommst? Das ist doch ganz normal. Wenn ein Junge oder ein Mann sehr stark erregt ist, dann kann Samenflüssigkeit aus dem Penis austreten. Du kannst aber auch gleichzeitig mit dem Samenerguß einen Orgasmus haben. So ein Orgasmus haut einen doch so richtig um, das ist ein ganz tolles Gefühl. Und die Leute, die erzählen, daß man davon krank wird, die haben keine Ahnung."
„Was ist denn ein Orgasmus?" möchte Dirk wissen.
„Wie sich das anfühlt, ist schwer zu beschreiben, weil das bei jedem Menschen anders ist. Manche sagen, daß sie ein Gefühl haben, als ob sie von einem Blitz getroffen werden. Andere haben das Gefühl, als ob eine Welle durch ihren ganzen Körper geht. Manche spüren ein Kribbeln, das ganz stark ist und nicht mehr stärker werden kann. Und andere meinen, daß sie gleich platzen. Danach kommt dann der Moment, an dem die Spannung nachläßt. Ich finde, auch danach ist das ein richtig schönes Gefühl."
„Ich fand das Gefühl dabei auch richtig toll. Aber danach hatte ich dann ein schlechtes Gewissen", sagt Dirk.
„Spar dir dein schlechtes Gewissen und mach es, wenn du alleine bist und Spaß daran hast. Manchmal kommt ein Samenerguß auch im Schlaf von alleine. Du wirst morgens wach und merkst, daß dein Schlafanzug klebrig ist. Das ist aber ganz normal. Meistens passiert das, wenn ein Junge nachts von einem Mädchen träumt."
„Haben Mädchen auch einen Orgasmus?"
„Ja, alle Menschen können einen Orgasmus haben. Der Unterschied aber ist, daß die Mädchen dabei keinen Samenerguß haben. Manche Mädchen bekommen einen Orgasmus, wenn der Penis in ihrer Scheide steckt. Andere Mädchen bekommen eher einen Orgasmus, wenn der Junge sie an der Scheide streichelt. Das muß man ausprobieren. Wenn der Junge seinen Penis in die Scheide des Mädchen steckt und dann einen Samenerguß bekommt, kann es sein, daß das Mädchen schwanger wird. Wenn du und Lisa miteinander schlafen möchtet, müßtet ihr euch vorher überlegen, wie ihr dies verhindert. Am besten geht ihr dann zu „Pro Familia". Dort gibt es Ärzte und Ärztinnen, die darüber sehr gut Bescheid wissen, und die euch gerne beraten, welche Verhütungsmittel ihr nehmen könnt."
„Meinst du, ich soll da mal hingehen?" fragt Dirk.
„Klar, du kannst alleine hingehen oder mit Lisa zusammen. Natürlich kann Lisa auch alleine hingehen. Am besten finde ich aber, wenn ihr zusammen geht, denn ihr seid ja beide dafür verantwortlich, daß Lisa

nicht schwanger wird."
„Ich werde Lisa das vorschlagen, daß wir beide zusammen gehen", meint Dirk.

> ## Weitere Möglichkeiten, das Thema zu vertiefen
>
> - Evtl. nur mit den Jungen der Klasse bzw. Jungen und Mädchen getrennt unterrichten
>
> ### *Bilder von einem Jungen betrachten, der onaniert*
> Abbildungen in: H. Dixon/A. Craft, Mach Dir selbst ein Bild, IV 42ff
> Fotos in: Rutgers Stichting, Geen Kind meer, S. 11/18
>
> ### *Bilder von verschiedenen Penissen betrachten*
> Über die Bilder reden und evtl. die Mär von „großer Penis = potenter Mann" und „kleiner Penis = impotenter Mann" ausräumen.
> Abbildungen in: H. Dixon/A. Craft, Mach Dir selbst ein Bild, I 37ff —
> S. Schneider/B. Rieger, Das Aufklärungsbuch, S. 70
> Fotos in: Rutgers Stichting, Geen Kind meer, S. 8
>
> ### *Gespräch über den männlichen Orgasmus – Vorlesen von orgastischen Erfahrungen*
> Gesprächsimpulse: Ich habe Angst davor – Ich fühle mich dabei ganz toll – Ich fühle mich danach glücklich /traurig – Ich bekomme keinen Orgasmus
> Textbeispiel in: D. Schnack/R. Neutzling, Die Prinzenrolle, S. 276 ff
>
> - Evtl. mit der ganzen Klasse
>
> ### *Fotos von Samenflüssigkeit betrachten*
> Fotos in: B. Nilsson, Ein Leben beginnt, München 1987, Mosaik-Verlag, S. 12
>
> ### *Mit wem kann ich über diese Dinge sprechen?*
> Die Schüler denken darüber nach, welche Vertrauensperson(en) es in ihrem Bekanntenkreis gibt, mit der sie über sexuelle Probleme reden können, evtl. malen dieser Person.

14.1

14.3

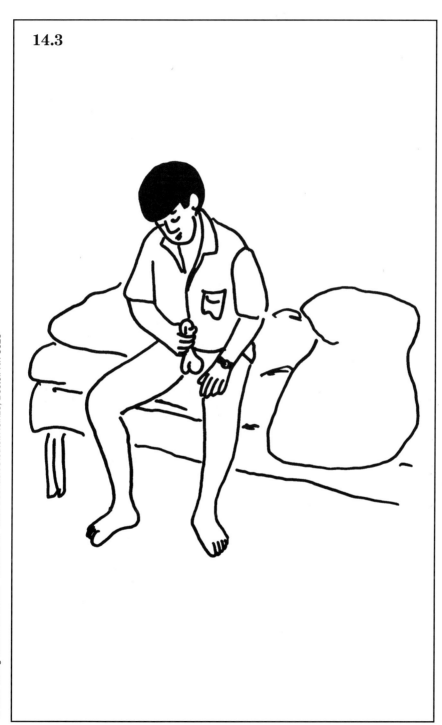

14.4

14.5

15. Lisa und Dirk gehen zu „Pro Familia"

Die Schüler lernen eine Einrichtung kennen, in der sie sich Hilfe bei sexuellen Fragen und Problemen holen können. Außerdem lernen sie wichtige Verhütungsmittel kennen.

Lisa und Dirk liegen zusammen auf Dirks Bett und kuscheln sich aneinander.
„Es ist schön, mit dir zu schmusen", sagt Dirk.
„Ich mag es auch sehr gerne, wenn wir zusammen schmusen", sagt Lisa.
„Weißt du, woran ich manchmal denke?" fragt Dirk. „Manchmal denke ich, es wäre noch schöner, mit dir zu schlafen."
„Daran habe ich auch schon gedacht. Es wäre bestimmt toll. Aber ich habe ein bißchen Angst davor", sagt Lisa. „Ich möchte nämlich nicht schwanger werden. Und ich habe auch Angst, daß es wehtut."
„Ein bißchen komisch ist mir auch bei dem Gedanken. Nee, und Vater werden möchte ich nun auch nicht."
„Ich habe schon mal einiges gehört über Kondome und die Pille. Aber alles habe ich nicht behalten", sagt Lisa. „Weißt du denn jemanden, den wir fragen könnten?"
„Meine Eltern möchte ich nicht so gerne fragen. Mein Bruder hat von 'Familia' oder so gesprochen. Das ist eine Beratungsstelle für solche Sachen. Sollen wir zu denen mal gehen?"
„Und wer berät uns da?" möchte Lisa wissen.
„Das sind Ärzte und Ärztinnen, oder auch Sozialpädagogen."
„Das hört sich ja nicht schlecht an. Frag doch noch mal deinen Bruder, wie die heißen und wo wir sie in Dortmund finden."
Dirk fragt Torsten nach der Telefonnummer von „Pro Familia".
„Was kostet das denn, wenn Lisa und ich uns da beraten lassen?" möchte er wissen.
„Das kostet nichts", sagt Torsten und gibt Dirk die Nummer. Dirk vereinbart einen Termin für Donnerstag nachmittag. Torsten bringt Dirk und Lisa mit dem Auto dorthin.
Eine freundliche Frau öffnet ihnen die Tür.
„Guten Tag. Mein Name ist Frau Richard. Ich bin hier die Ärztin von 'Pro Familia'. Bitte setzen Sie sich."
Dirk und Lisa setzen sich. Sie wissen aber nicht so recht, was sie sagen sollen.
„Sie können mich gerne alles fragen, was Sie möchten. So wie Sie haben hier schon viele Paare oder auch einzelne gesessen und haben mich alles

mögliche gefragt. Und ich stelle immer wieder fest, die meisten Menschen haben ganz ähnliche Fragen und Probleme. Außerdem verspreche ich Ihnen, was hier gefragt und gesagt wird, bleibt unter uns. Das geht sonst keinen etwas an."
Lisa und Dirk wissen immer noch nicht, was sie fragen sollen.
Frau Richard wendet sich an Lisa. „Sind Sie schwanger?"
Lisa schüttelt den Kopf: „Nein, ich bin nicht schwanger. Aber deshalb sind wir ja hier. Ich möchte nicht schwanger werden."
„Ach, dann vermute ich, Sie möchten eine Beratung zur Empfängnisverhütung."
„Ja, deshalb sind wir hier", sagt Dirk.
„Das ist kein Problem. Wir dürfen dabei aber nicht vergessen, auch noch über Aids zu sprechen. Von dieser sehr gefährlichen Krankheit haben Sie sicher schon mal gehört. Aids kann durch Geschlechtsverkehr übertragen werden, und deshalb müssen Sie wissen, wie man die Ansteckung verhindern kann. Am besten, ich zeige Ihnen nun verschiedene Verhütungsmittel."

Rollenspiel: Dirk und Lisa bei „Pro Familia"

Die Mädchen spielen Lisa, die Jungen Dirk und dürfen nun Frau Richard (Lehrerin) alle möglichen Fragen stellen.
Die Lehrerin stellt nur die für die Schüler der Klasse in Frage kommenden Verhütungsmittel vor. Manche Verhütungsmethoden verlangen viel Disziplin und Geschick und überfordern sicher die meisten geistig- oder lernbehinderten Schüler (z.B. Temperaturmethode, Diaphragma).
„Pro Familia" verleiht für solche Unterrichtsstunden einen Koffer mit allen zur Zeit möglichen Verhütungsmitteln.

Frau Dr. Richard wendet sich an Lisa: „Wenn Sie die Pille möchten, gehen Sie in eine Praxis zu einem Frauenarzt oder einer Frauenärztin."
Dann wendet sich Frau Richard an Dirk: „Probieren Sie die Kondome am besten zuerst mal aus, wenn Sie alleine sind. Dann klappt das, wenn Sie zusammen schlafen wollen, sicher schon besser mit dem Überziehen."

Weitere Möglichkeiten, das Thema zu vertiefen

Besuch bei „Pro Familia" oder ähnlichen Beratungsstellen im Umfeld der Schule
Schüler an der Vorbereitung des Unterrichtsgangs beteiligen. Im Telefonbuch nach Beratungsstellen suchen, einen Termin vereinbaren und überlegen, wie die Beratungsstelle mit öffentlichen Verkehrsmitteln zu erreichen ist. Fragenkatalog gemeinsam erarbeiten.

Kauf von Verhütungsmitteln mit den Schülern
Unterschiedliche Präparate und Geschäfte kennenlernen und Hemmungen abbauen. Angebot und Preise vergleichen.
Abbildungen in: Rutgers Stichting, Geen Kind meer, S. 60

Die Benutzung von Kondomen üben
An einem Plastikpenis oder Holzmodell ausprobieren. Dies sollten auch die Schülerinnen üben. Den Jungen einige Kondome zum Üben mit nach Hause geben. Eltern vorher darüber auf einem Elternabend informieren.
Gute bildliche Anleitung zur Benutzung eines Kondoms in: S. Schneider/B. Rieger, Das Aufklärungsbuch, S. 100 – Rutgers Stichting, Geen Kind meer, S. 20ff/55

Information über Aids
Aids-Beratungsstellen halten ausführliches Material bereit, evtl. Beratungsstelle besuchen. Auf die Bedeutung der Kondome in diesem Zusammenhang hinweisen.

Übertriebene Angst vor Aids abbauen
Aufstellen einer Liste mit Tätigkeiten, die man mit Aidskranken tun darf und bei welchen man Vorsichtsmaßnahmen treffen muß (ausschließlich beim Umgang mit frischem Blut und beim Geschlechtsverkehr).
Abbildungen in: S. Schneider/B. Rieger, Das Aufklärungsbuch, S. 118f – I. Achilles u. a., Sexualpädagogische Materialien für die Arbeit mit geistig behinderten Menschen, S. 118

15.1

15.3

15.4

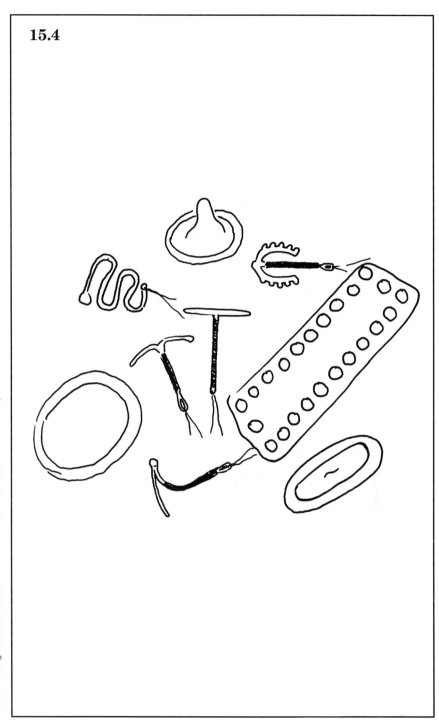

16. Lisa geht zur Frauenärztin

Die Schüler erfahren, wie ein erster Besuch bei einer Frauenärztin verlaufen kann.

Hinweis zur Benutzung des folgenden Textes:
Wir halten ausführliche Informationen zum Thema „Frauenarztbesuch" besonders für die Schülerinnen für sehr wichtig, da wir davon ausgehen, daß manche Ängste zwar nicht vollständig abgebaut, aber doch reduziert werden können. Weil aber vermutlich einige Schülerinnen mit der Komplexität des folgenden Textes überfordert wären, schlagen wir vor, den Text um die kursiv und kleiner gesetzten Stellen entweder vollständig oder teilweise zu kürzen. Der Gesamtzusammenhang der Geschichte bleibt trotz Kürzungen erhalten.

Lisa macht zusammen mit ihrer Mutter bei der Frauenärztin einen Termin aus.
„Gut", sagt die Arzthelferin. „Sie möchten also nächste Woche zu einer Untersuchung zu Frau Dr. Beckmann kommen. Wann hatten Sie das letzte Mal Ihre Regelblutung?"
„Letzte Woche", antwortet Lisa.
„Dann können Sie ja nächste Woche kommen. Sie können nämlich nur untersucht werden, wenn Ihre Regelblutung vorbei ist. Wie wäre es am Montag um 17 Uhr. Haben Sie dann Zeit?" möchte die Arzthelferin wissen.
„Ja, dann kann ich kommen."
„Wie war bitte Ihr Name?" fragt die Arzthelferin.
„Lisa Jansen."
„Gut, Frau Jansen, bis nächste Woche Montag."
Lisa und ihre Mutter gehen zusammen zu Frau Dr. Beckmann.
Lisa nimmt ihren Kalender mit. Sie hat zusammen mit ihrer Mutter in ihren Kalender immer eingetragen, wann sie ihre Regelblutung hatte. Das möchte sie der Ärztin zeigen.
Am Montagnachmittag ist Lisa etwas aufgeregt.
Sie sitzt im Wartezimmer bei Frau Dr. Beckmann und blättert in den Zeitschriften.
„Frau Jansen, Sie sind dran. Bitte Sprechzimmer 2", sagt die Arzthelferin. „Soll ich mitkommen?" fragt die Mutter.
„Nein, ich möchte lieber alleine gehen", sagt Lisa.

Sie geht in Sprechzimmer 2.
Hinter dem Schreibtisch sitzt Frau Dr. Beckmann.
„Guten Tag Frau Jansen, bitte nehmen Sie Platz. Wo ist denn Ihr Problem?"

Rollenspiel: Lisa redet mit Frau Dr. Beckmann

- Evtl. nur mit den Mädchen bzw. Mädchen und Jungen getrennt unterrichten

Jeder Schüler darf in die Rolle von Lisa schlüpfen und die Ärztin (Lehrerin) befragen.

Lisa rutscht nervös auf dem Stuhl hin und her.
„Ich möchte die Pille verschrieben bekommen."
„Haben Sie früher schon mal die Pille genommen?" fragt die Ärztin.
„Nein", sagt Lisa.
„Sind Sie schon mal von einem Frauenarzt untersucht worden?" möchte die Ärztin wissen.
„Nein, noch nie", antwortet Lisa.
„Jetzt würde ich gerne wissen, wie regelmäßig Sie Ihre Regelblutung haben."
Lisa holt ihren Kalender aus der Tasche und zeigt Frau Dr. Beckmann ihre Eintragungen.
„Ihr Zyklus ist ja sehr regelmäßig. Haben Sie Schmerzen oder sonstige Probleme dabei?" fragt die Ärztin.
„Manchmal habe ich am ersten Tag Bauch- und Rückenschmerzen. Dann verkrieche ich mich mit einer Wärmflasche ins Bett."
„Als erstes muß ich noch Ihren Blutdruck messen und Ihr Gewicht feststellen."
Die Ärztin legt Lisa eine Manschette um und mißt ihren Blutdruck. Danach stellt Lisa sich auf die Waage.
„Das ist alles in Ordnung", sagt die Ärztin. „Wir gehen jetzt nach nebenan. Dort habe ich einen gynäkologischen Stuhl, auf dem ich Sie untersuche." Lisa und Frau Dr. Beckmann gehen in den Behandlungsraum.
Frau Dr. Beckmann zeigt Lisa den gynäkologischen Stuhl.
„Hier müssen Sie sich hinsetzen, und hierauf legen Sie Ihre Beine.
Ich zeige Ihnen zuerst einmal die Geräte, mit denen ich Sie untersuche. Das ist das Spekulum. Das führe ich in Ihre Scheide ein und spreize die Scheide damit auseinander. Dann sehe ich mit dem Kolposkop in die Scheide. Damit kann ich

besser sehen, als nur mit dem bloßen Auge. Durch das Kolposkop kann ich dann den Muttermund sehen."

Lisa ist es etwas mulmig zumute. Sie fragt die Ärztin: „Tut das sehr weh, wenn Sie mich untersuchen?"

„Es ist sicher nicht angenehm. Aber wenn Sie versuchen zu entspannen, dann tut es nicht weh. Es ist klar, daß Sie heute sehr aufgeregt sind. Das sind alle Frauen und Mädchen, besonders wenn sie das erste Mal zu mir kommen. Aber wenn Sie versuchen, ganz ruhig und locker zu bleiben, dann ist alles halb so schlimm. Zuerst mache ich einen Abstrich."

Frau Dr. Beckmann zeigt Lisa einen Holzstab mit Watte.

„Damit nehme ich ein bißchen von der Schleimhaut und streiche das hier auf ein Glasplättchen."

„Was passiert dann mit dem Glasplättchen?" möchte Lisa wissen.

„Dieses Glasplättchen lege ich unter das Mikroskop und sehe es mir sehr genau an. Unter dem Mikroskop ist alles viel größer zu sehen als sonst, und so kann ich an der Schleimhaut verschiedene Krankheiten, wie z.B. Pilze erkennen. Das Plättchen wird aber auch noch eingeschickt in ein großes Labor. Dort kann manches besser und genauer untersucht werden als bei mir in der Praxis. Wenn etwas nicht in Ordnung ist, rufen wir Sie an. Danach mache ich eine Tastuntersuchung. Mit zwei Fingern gehe ich in die Scheide und mit der anderen Hand taste ich die Bauchdecke ab. So kann ich z.B. feststellen, ob die Gebärmutter oder die Eierstöcke vergrößert sind. Zum Schluß untersuche ich Sie noch durch den After und taste mit der anderen Hand die Bauchdecke ab.

Haben Sie noch Fragen zu der Untersuchung?"

Lisa schüttelt den Kopf. „Vielleicht fällt mir gleich noch etwas ein."

„Ziehen Sie nun bitte Ihre Unterhose aus und setzen Sie sich hier auf den Stuhl", sagt die Ärztin.

Lisa ist immer noch ein bißchen aufgeregt. Sie zieht sich aus und setzt sich auf den Stuhl.

„Bitte mit dem Po noch etwas nach vorne rutschen und dann die Beine hier drauflegen. Wenn es weh tut, sagen Sie mir bitte Bescheid."

Frau Dr. Beckmann zieht dünne Gummihandschuhe an.

Sie führt das Spekulum in Lisas Scheide.

„Atmen Sie ganz ruhig weiter, und denken Sie an etwas anderes."

Es ist Lisa ein bißchen unangenehm, tut ihr aber nicht weh.

„Jetzt kann ich den Muttermund sehen. Der sieht aus wie ein Wulst mit einem kleinen Loch darin. Möchten Sie auch mal sehen?"

Lisa nickt. Frau Dr. Beckmann hält Lisa einen Spiegel hin, damit Lisa den Muttermund sehen kann.

„So, jetzt mache ich den Abstrich." Lisa merkt kaum etwas davon.

„Nun tue ich eine besondere Creme auf meine Hände, eine Gleitcreme.

Die Handschuhe fühlen sich damit glitschig an. Damit kann ich Sie dann leichter untersuchen."

Danach tastet Frau Dr. Beckmann Lisa durch die Scheide und den After ab. Sie unterhält sich dabei mit Lisa, und so ist Lisa ein bißchen abgelenkt.

„Gleich bin ich fertig. So, Sie können sich jetzt anziehen. Hat es Ihnen denn zwischendurch wehgetan?"

Lisa schüttelt den Kopf. „Es war ein bißchen unangenehm, hat aber nicht wirklich wehgetan."

Während sich Lisa wieder anzieht, untersucht Frau Dr. Beckmann den Schleim auf dem Glasplättchen.

Danach gehen beide wieder ins Sprechzimmer.

„Es ist alles in Ordnung. Ich schreibe Ihnen jetzt eine Pille auf. Die erste Pille nehmen Sie am ersten Tag Ihrer Periode. Am besten nehmen Sie die Pille jeden Morgen zur gleichen Zeit. Wichtig ist, daß Sie die Einnahme nicht vergessen. Aber Sie müssen vier Wochen warten, ehe Sie mit Ihrem Freund schlafen. Sonst haben Sie keinen Schutz vor einer Schwangerschaft."

„Was soll ich machen, wenn ich sie einmal vergesse?" möchte Lisa wissen. „Wenn Sie z. B. am sechsten Tag die Pille vergessen, dann machen Sie am siebten Tag einfach mit der siebten Pille weiter. Aber denken Sie daran, daß dann kein Schutz vor einer Schwangerschaft besteht."

„Wir haben bei „Pro Familia" besprochen, daß Dirk auch noch ein Kondom nimmt."

„Das ist sehr wichtig wegen Aids. Aber das Kondom ist als Schutz vor einer Schwangerschaft nicht so sicher wie die Pille. Deshalb sollten Sie die Pille ganz regelmäßig nehmen. Falls Sie mal einen Durchfall haben oder sich übergeben müssen, ist die Pille auch nicht mehr wirksam. Seien Sie bitte in so einer Situation sehr vorsichtig. Manchmal kann es passieren, daß Mädchen oder Frauen die Pille nicht vertragen. Es wird ihnen übel, sie nehmen sehr an Gewicht zu oder verlieren viele Haare. Wenn das bei Ihnen der Fall ist, kommen Sie bitte noch mal vorbei. Es gibt sehr verschiedene Pillen, und ich verschreibe Ihnen dann eine andere. Wenn aber alles in Ordnung ist, reicht es, wenn Sie in drei Monaten wieder zu mir kommen.

Die Pille, die ich Ihnen jetzt verschreibe, reicht für drei Monate."

„Klar, in drei Monaten komme ich noch einmal vorbei. Dann ist das auch nicht mehr so aufregend wie heute", sagt Lisa.

„Denken Sie bitte auch daran, wenn Sie das erste Mal mit Ihrem Freund schlafen, daß das Hymen oder Jungfernhäutchen noch da ist. Es verengt Ihre Scheide, und so kann es beim ersten Geschlechtsverkehr am Anfang weh tun und auch bluten. Das ist aber nur beim ersten Mal der Fall. Falls Sie möchten, kann ich Ihnen das

Hymen hier in der Praxis durchtrennen. Sie können sich das ja noch mal in Ruhe zu Hause überlegen. Wenn es Probleme gibt oder Sie noch Fragen haben, dürfen Sie gerne jederzeit wiederkommen. Ansonsten sehen wir uns in drei Monaten."
Lisa nimmt das Rezept und verabschiedet sich von Frau Dr. Beckmann.
In der Apotheke kauft sich Lisa die Pille.
Sie bittet ihre Mutter: „Hilfst du mir bitte daran zu denken, daß ich morgens pünktlich die Pille nehme?"

Weitere Möglichkeiten, das Thema zu vertiefen

- Evtl. nur mit den Mädchen der Klasse bzw. Mädchen und Jungen getrennt unterrichten

Besuch einer gynäkologischen Praxis
Schüler an der Vorbereitung des Unterrichtsgangs beteiligen. Im Telefonbuch nach Praxen in der Nähe ihres Wohnortes suchen, einen Termin für die Klasse vereinbaren und überlegen, wie die Praxis mit öffentlichen Verkehrsmitteln zu erreichen ist. Fragenkatalog gemeinsam erarbeiten.

Betrachten der Untersuchungsinstrumente
Betrachten und Besprechen der Untersuchungsinstrumente (real oder auf Abbildungen)
Fotos vom Spekulum, gynäkologischen Stuhl und Ultraschall in: Ch. Bossbach/E. Raffauf, Liebe, Sex und noch viel mehr, München 1996, Südwest Verlag S. 63ff

Informationen über die inneren und äußeren Geschlechtsmerkmale der Frau
Da behinderte Schüler in der Regel Schwierigkeiten mit abstrakten Schemazeichnungen von Körperteilen haben, ist es hilfreich, eine lebensgroße Pappfrau zu fertigen, an der die primären und sekundären Geschlechtsmerkmale zu sehen sind. Wird der Bauchraum der Pappfrau so gefertigt, daß dieser aufgeklappt werden kann und eine maßstabgerechte Zeichnung der inneren Geschlechtsorgane erscheint, können sich die Schüler innere Vorgänge leichter vorstellen. Überzieht man diese Zeichnung mit einer Folie, kann man Vorgänge wie Menstruation oder Eisprung mit einem Folienstift einzeichnen. Bewährt haben sich auch aus selbsthaftender Fensterfolie geschnittene Ei- und Samenzellen, die von der Lehrerin bzw. vom Schüler dann an jeder Stelle aufgelegt werden können, um so innere Vorgänge zu verdeutlichen. ▶

Abbildungen in: S. Schneider/B. Rieger, Das Aufklärungsbuch, S. 23ff I. Achilles u. a., Sexualpädagogische Materialien für die Arbeit mit geistig behinderten Menschen, S. 45ff — H. Dixon/A. Craft, Mach Dir selbst ein Bild, I 43

Abbildungen und Folien in: Rutgers Stichting, Geen Kind meer, S. 13/Folien 13 a-f

Ein dreidimensionales Modell eines Frauentorsos mit Anleitung zum Selberbauen wird vorgestellt in: D. Dittli/H. Furrer, Freundschaft – Liebe – Sexualität: Grundlagen und Praxisbeispiele für die Arbeit mit geistig behinderten Frauen und Männern, S. 99ff

• Evtl. mit der ganzen Klasse

Umgang mit der Pille
Vorstellen verschiedener Pillenpackungen, Hinweise auf die regelmäßige Einnahme und Ideen für Merkhilfen entwickeln, z.B. bestimmter Ort und bestimmte Situation; Person, die mitdenken hilft.
siehe: S. Schneider/B. Rieger, Das Aufklärungsbuch, S. 93ff

Umgang mit Aids und Kondomen (siehe Kommentar zu Kapitel 15).

16.1

16.2

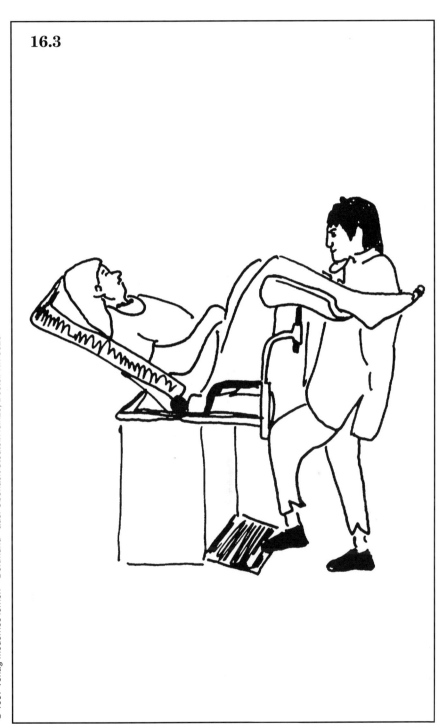
16.3

16.4

16.5

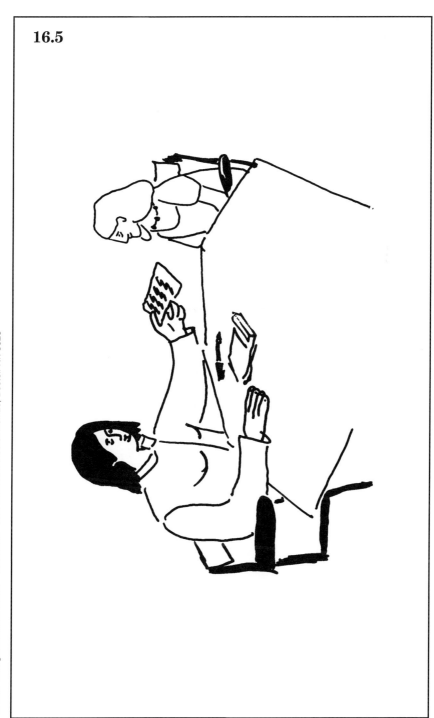

16.6

17. Lisa und Dirk schlafen das erste Mal miteinander

▎*Die Schüler erfahren, daß es beim Geschlechtsverkehr zu Schwierigkeiten kommen kann.*

Lisa und Dirk sitzen zusammen auf Lisas Bett.
„Schau mal, was ich in der Apotheke gekauft habe", sagt Dirk. Er zieht aus seiner Hosentasche ein kleines Päckchen.
„Das sind ja Kondome", sagt Lisa.
„Der Apotheker hat mir diese hier empfohlen. Jedes Kondom wurde elektronisch überprüft, ob es in Ordnung ist. Außerdem ist jedes Kondom einzeln eingepackt, so daß man beim Rausnehmen die anderen nicht beschädigt."
„Was hast du für die Packung bezahlt?" möchte Lisa wissen.
„Eine Packung mit 10 Stück hat 12,95 DM gekostet."
„Wir können mal in einem Drogeriemarkt nachschauen, ob es diese Kondome dort etwas billiger gibt", schlägt Lisa vor. „Hast du schon eins ausgepackt?"
„Ja, die haben uns doch bei 'Pro Familia' gesagt, ich sollte das erst einmal alleine probieren, bevor wir miteinander schlafen", sagt Dirk.
„Wie war das denn?" fragt Lisa.
„Och, erst war es etwas komisch. Aber als mein Penis dann steif war, war das Überrollen nicht so schwierig. Wir können ja noch einmal eins auspacken, wenn du möchtest."
„Ja, ich möchte mir das Kondom auch mal etwas genauer ansehen", sagt Lisa.
Lisa reißt die Verpackung auf und nimmt ein Kondom heraus.
„Das fühlt sich ja etwas glitschig an", sagt sie.
„Der Apotheker meint, Kondome mit Gleitcreme sind etwas leichter in die Scheide einzuführen. Deshalb habe ich solche gekauft. Es gibt aber auch welche, die keine Gleitcreme haben. Am besten wir probieren aus, welches Kondom uns am angenehmsten ist."
Lisa zieht an dem Kondom.
„Das ist ja wie Gummi und läßt sich ganz leicht in die Länge ziehen", meint sie.
„Wenn du willst, können wir es wie einen Luftballon aufblasen", sagt Dirk.
Lisa lacht. „Mit so einem Kondom kann man wirklich eine Menge machen", sagt Lisa und fängt an zu pusten. Das Kondom wird immer

runder und größer.

„Gibst du mir auch mal den Luftballon?" fragt Dirk.

Lisa reicht das aufgeblasene Kondom an Dirk. Plötzlich gibt es einen lauten Knall. Das Kondom ist geplatzt.

„Du mußt etwas vorsichtiger sein", sagt Lisa und lacht. „Wie sehen denn deine Fingernägel aus?"

Dirk guckt sich seine Fingernägel an.

„Oh je, ich habe schon wieder vergessen, meine Fingernägel zu schneiden. Die sind aber auch ganz schön empfindlich, solche Kondome."

„Erinnerst du dich noch, was uns die Ärztin von 'Pro Familia' gesagt hat? Ganz doll aufpassen und jedes Kondom nur einmal benutzen. Benutzte Kondome gehören in den Abfalleimer."

„Sag mal, Lisa, wie lange nimmst du schon die Pille?" möchte Dirk wissen.

„Seit genau einer Woche", antwortet Lisa. „Frau Dr. Beckmann hat gesagt, daß man vier Wochen warten muß, ehe die Pille ganz sicher vor einer Schwangerschaft schützt."

„Hm, ich habe keine Lust mehr, noch drei Wochen zu warten", sagt Dirk.

„Ich auch nicht. Aber wenn du ein Kondom nimmst, brauchen wir ja nicht mehr so lange zu warten."

Ein paar Tage später verreisen Lisas Eltern und Schwester für ein Wochenende.

„Ich freue mich", sagt Dirk. „Dann sind wir beide ganz ungestört."

Samstagnachmittag machen die beiden es sich gemütlich. Lisa schließt die Vorhänge und legt eine Kassette mit Schmusemusik ein. Sie zieht Hose und Pulli aus und legt sich aufs Bett.

Dirk legt die Packung mit den Kondomen auf den Nachttisch. Er zieht sich aus, legt sich neben Lisa und kuschelt sich an sie.

„Ich habe Lust, mit dir zu schlafen", flüstert er Lisa ins Ohr.

Lisa drückt sich ganz fest an Dirk. „Ich habe auch Lust dazu."

Lisa streichelt Dirk über seine Haare und das Gesicht. Dirk streichelt Lisa über den Rücken. Lisa mag das sehr gerne, weil das so schön kribbelt.

Dirk öffnet Lisas BH.

„Komm, laß uns den ganzen Kram ausziehen", sagt Lisa.

Lisa und Dirk ziehen sich aus.

Dann streichelt Lisa Dirk die Schultern, den Nacken, in den Achselhöhlen, über die Brust und den Bauch.

„Das ist schön, wie du das so machst", sagt Dirk.

„Wo hast du es denn am liebsten?" fragt Lisa.

„Ich glaube, am liebsten habe ich es, wenn du ganz vorsichtig in meinen

Achselhöhlen streichelst. Das kitzelt dann so schön."

Dirk streichelt Lisa zärtlich über ihren Busen. Am liebsten hat Lisa es, wenn Dirk ihre Brustwarzen berührt. Dann wird es ihr am ganzen Körper warm.

Lisa und Dirk rutschen ganz eng zusammen und küssen sich. Lisas Atem wird heftiger. Ihr Herz schlägt schneller.

Dirks Penis wird groß und steif. Auch sein Herz schlägt schneller.

Dirk streichelt Lisa an ihren Schamlippen und am Kitzler. Lisa atmet ganz tief durch, weil ihr das gut gefällt. Vor Glück ist ihr ganz schwindelig. Sie kann kaum noch ruhig liegen.

Ihre Schamlippen sind geschwollen, und ihre Scheide ist sehr feucht. Vorsichtig faßt Dirk mit einem Finger in ihre Scheide. Es fühlt sich weich und feucht an.

Lisa streichelt Dirks Penis. Zärtlich massiert sie den Penis und auch seine Hoden. Dirk könnte platzen vor Erregung und Freude. Er kann kaum noch ruhig liegen bleiben.

„Ich rolle jetzt mal das Kondom über", sagt Dirk.

Dirk setzt sich hin, nimmt das Päckchen vom Nachttisch und öffnet es. Mit der einen Hand hält er das Kondom an der Spitze fest, mit der anderen will er es über den Penis rollen. Das Kondom rutscht ihm aber immer wieder ab. Dirk ist sehr aufgeregt und versucht es mehrere Male, aber das Kondom rutscht immer wieder ab. Sein Penis wird weicher und kleiner.

„Es geht nicht", sagt er zu Lisa.

Gespräch oder Identifikationsspiel: Das Kondom läßt sich nicht überrollen

Gesprächsimpulse:
Was ist passiert? – Wie fühlt sich Lisa? – Wie fühlt sich Dirk? – Was sollten die beiden tun? – Was sollten sie nicht tun?
oder *Identifikationsspiel:*
Wenn ich Lisa wäre..., wenn ich Dirk wäre, würde ich...

„Warum geht es denn nicht?" fragt Lisa.
„Ich bin aufgeregt", antwortet Dirk.
„Ich bin auch ziemlich aufgeregt. Macht nichts. Wir haben doch ganz viel Zeit. Laß uns noch etwas schmusen. Dann klappt es vielleicht später. Es ist so schön, mit dir zu schmusen."
„Ich finde es auch schön. Deine Scheide fühlt sich ganz toll an, wenn sie

so feucht ist."

Dirk legt sich wieder neben Lisa. Er streichelt und küßt sie auf den Bauch und den Busen.

Lisa kniet sich neben ihn und streichelt seine Brust, den Bauch und auch seinen Penis. Dirks Penis wird wieder steif.

„Komm, laß uns das noch mal mit dem Kondom versuchen", sagt Lisa. Dirk nimmt ein neues Päckchen und öffnet es.

„Soll ich dir helfen?" fragt Lisa.

„Ich glaube, ich mache das lieber alleine", sagt Dirk. „Es wäre aber schön, wenn du mich weiter streichelst."

Dirk hält die Spitze des Kondoms mit der einen Hand fest und rollt das Kondom mit der anderen Hand über den Penis. Diesmal klappt es gut: Das Kondom rutscht nicht ab.

Lisa und Dirk rutschen ganz eng zusammen und küssen sich. Lisa spürt Dirks steifen Penis zwischen ihren Oberschenkeln. Sie bewegt ihre Hüfte und reibt dabei über Dirks Penis. Sie kann vor Erregung und Freude nicht mehr ruhig liegen. Auch Dirk ist sehr erregt. Lisas und Dirks Herzen schlagen schnell und heftig. Dirk legt sich auf Lisa und küßt ihren Busen. Seine Hüfte bewegt sich nun auch heftig hin und her. Dann legt er seinen Penis zwischen ihre Beine und schiebt ihn in ihre Scheide. Lisa stöhnt. Dirk bewegt seine Hüfte hin und her und atmet dabei laut und heftig. Lisa aber liegt ganz ruhig und bewegt sich nicht mehr. Nach einiger Zeit merkt Dirk, daß etwas mit Lisa nicht in Ordnung ist und stoppt seine Bewegungen. Er sieht Lisas verzerrtes Gesicht.

„Nein, es geht nicht mehr", sagt Lisa.

Gespräch: Lisa hat Schmerzen

Wieder gilt es in einem Gespräch die Gefühle von Lisa und Dirk zu verbalisieren und mögliche positive Verhaltensmöglichkeiten zu erarbeiten.

Gesprächsimpulse:

Tut Geschlechtsverkehr weh ? – Muß Lisa den Schmerz aushalten, um Dirk nicht zu enttäuschen? – Hat Dirk etwas falsch gemacht? – Hat Lisa etwas falsch gemacht? – Ist bei Lisa etwas nicht in Ordnung?

Dirk zieht seinen steifen Penis aus Lisas Scheide. Dabei hält er das Kondom am oberen Rand gut fest.

Lisa kuschelt sich an ihn.

„Bist du jetzt sauer?" fragt sie.
Dirk ist sehr verwirrt. „Es war doch alles so schön", denkt er, „und plötzlich geht es dann nicht mehr weiter."
Er sagt aber nichts. Sein Atem wird langsam ruhiger.
Er rollt das Kondom ab, zieht sich seine Unterhose an und legt sich neben Lisa.
Auch Lisa sagt nichts. Sie ist enttäuscht. „Zuerst war es so schön, daß ich es fast vor Glück nicht mehr aushalten konnte. Aber als er mit seinem Penis in meiner Scheide war, hat dieses Stoßen nur wehgetan und war überhaupt nicht schön", denkt sie.
Lisa sagt kein Wort, und Dirk sagt kein Wort.
„Warum sagt er mir nicht, ob er sauer ist?" denkt Lisa.
Lisa fragt noch mal: „Bist du jetzt sauer?"
Jetzt traut sich Dirk zu antworten: „Nein, ich bin nicht sauer, aber ein bißchen enttäuscht. Es ist komisch. Ich dachte, du hast auch Spaß dabei. Warum wolltest du dann nicht mehr?"
„Das stimmt schon, ich hatte am Anfang auch großen Spaß. Aber dann hat alles nur noch wehgetan."
Lisa und Dirk kuscheln sich aneinander.
„Es tut mir leid, ich wollte dir nicht wehtun. Gut, daß du es mir jetzt gesagt hast."
„Am Anfang dachte ich, wenn du einmal in mir drin bist, dann wird es besser, aber es wurde nicht besser. Es hat immer nur wehgetan."
„Ich habe das erst nicht gemerkt, daß ich dir wehtue. Warum hast du denn nicht sofort 'Stopp' gesagt?" fragt Dirk.
„Ich habe mich nicht getraut. Und außerdem wollte ich dich nicht enttäuschen", antwortet Lisa.
„Ja, das kann ich schon verstehen. Aber mir ist schon lieber, wenn du mir sofort sagst, wenn etwas nicht in Ordnung ist", sagt Dirk.
„Beim nächsten Mal sage ich dir sofort Bescheid", entgegnet Lisa.
„Habe ich denn etwas falsch gemacht?" möchte Dirk wissen.
„Mir ging es alles zu schnell. Nachdem du das Kondom übergerollt hattest, war ich nicht mehr ganz so stark erregt wie vorher. Es wäre schön, wenn du dann noch meine Scheide gestreichelt hättest. Dann wäre meine Scheide wieder richtig feucht geworden. Ich glaube, das ist so ähnlich wie mit deinem Penis. Durch Streicheln kommt die Erregung wieder. Dein Penis wird dann wieder steif, und meine Scheide wird dann wieder feucht."
„Gut, daß du mir das sagst. Beim nächsten Mal streichele ich deine Scheide wieder, bevor ich in dich eindringe. Das war ja wirklich ein aufregender Nachmittag heute. Ich wußte nicht, daß es mit dem Zusam-

menschlafen so schwierig ist. Hättest du das gedacht?" fragt Dirk. „Nein, das hätte ich auch nicht gedacht", antwortet Lisa. „Jetzt hoffe ich, daß es beim nächsten Mal besser klappt und auch nicht mehr so weh tut."

Weitere Möglichkeiten, das Thema zu vertiefen

Gespräch: Ist Zusammenschlafen wirklich so schwierig?
Was hilft, wenn es Streß gibt? – Ist Zusammenschlafen immer schmerzhaft?

Plakat mit Hilfsangeboten aufstellen, wenn es Schwierigkeiten gibt z.B. sich ganz fest Umarmen; sich streicheln; über das Problem reden und dem anderen sagen, was man möchte; erst mal einen Tee trinken; einen Freund um Rat fragen; zu einer Beratungsstelle gehen; sich nicht beschimpfen usw.

Massageübung
Wichtig ist darauf zu achten, daß die Partner in einen Austausch über ihre Wünsche kommen (siehe Kapitel 12).

Bilder zum Geschlechtsverkehr betrachten und darüberreden.
Was ist die richtige Stellung? – Gibt es richtige bzw. falsche Stellungen? – Abbildungen in: H. Dixon/A. Craft, Mach Dir selbst ein Bild, III 45 – L. Möller, Kinder machen geht so!, S. 22f – S. Härdin, Wo kommst Du her?, S. 11ff – Rutgers Stichting, Geen Kind meer, S. 26ff/41/55ff

17.1

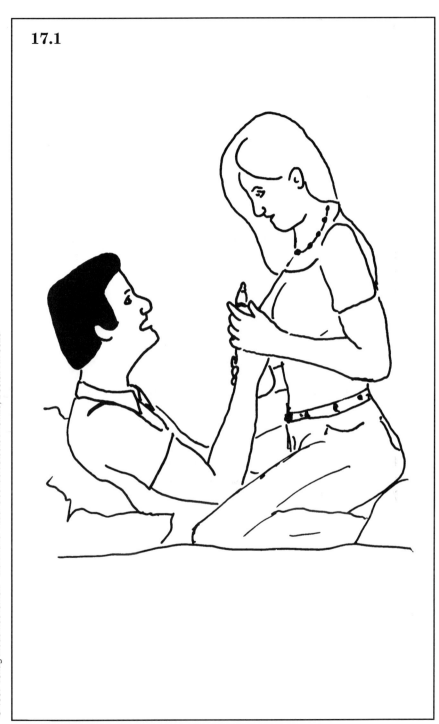

17.2

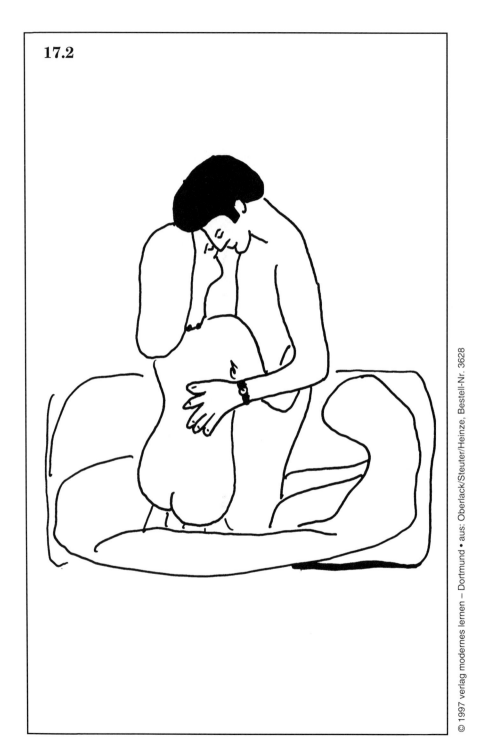

17.3

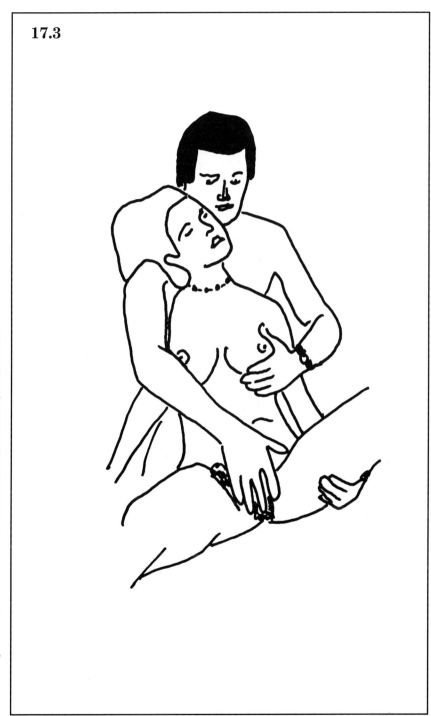

17.4

17.5

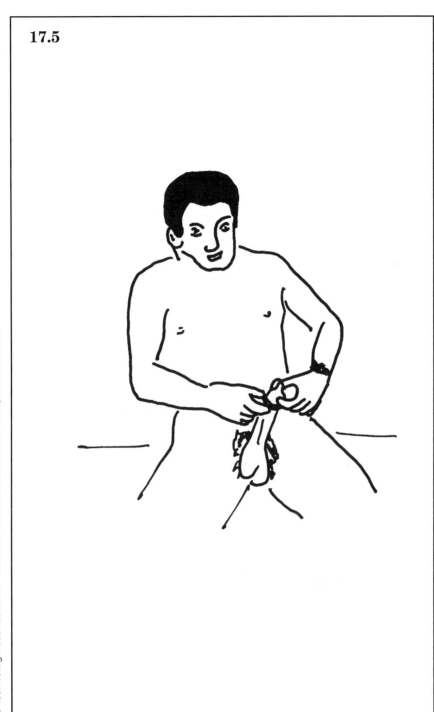

17.7

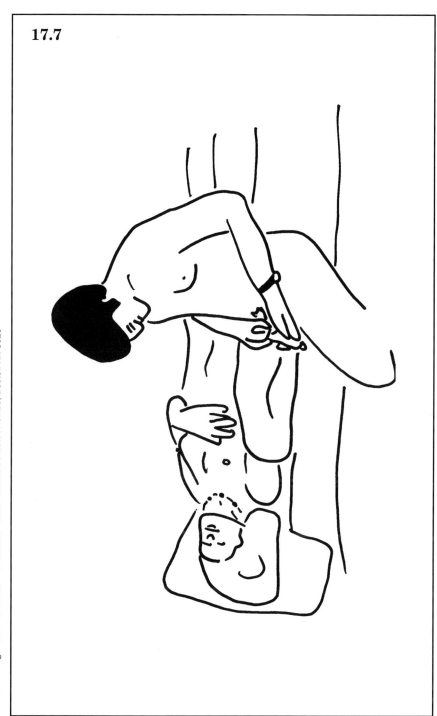

17.8

17.9

18. Lisa hat schlechte Laune

> *Die Schüler erfahren, daß es in einer Beziehung auch Streit und Ärger geben kann und lernen Möglichkeiten kennen, mit solchen Konflikten umzugehen.*

Heute hat Lisa einen schlechten Tag. Alles geht schief. Zuerst hat sie Streit mit Anne, dann schüttet sie sich aus Versehen eine Tasse Kakao über die Hose. Sie muß sich eine neue Hose anziehen.
„Beeil dich", ruft die Mutter, „du kommst sonst zu spät zum Bus."
„Ja, siehst du denn nicht, daß ich mich beeile, ich kann doch nicht hexen."
Lisa rennt los. In letzter Sekunde erreicht sie den Bus.
Da fällt ihr ein, daß sie ihr Schwimmzeug zu Hause vergessen hat.
„So ein Mist", denkt Lisa, „dabei wollte ich doch heute ein Wettschwimmen mit Dirk machen."
Während die anderen schwimmen, sitzt sie am Rand und schaut zu.
Ihre Laune wird immer schlechter. Sie fängt mit allen Streit an: mit ihrer Lehrerin Frau Schneider und auch mit Katrin.
„Du nervst mich. Es ist heute mit dir nicht auszuhalten," sagt Katrin.
„Ach, halt du doch deinen blöden Mund. Denk du doch mal an deine Laune gestern", antwortet Lisa patzig.
Dirk gibt sich große Mühe, nett zu ihr zu sein. In der Pause fragt er sie: „Möchtest du ein Stück Schokolade?"
„Nein, darauf habe ich keinen Bock. Hol mir mal am Automaten eine Limo." Dirk holt Lisa eine Limo.
„Was ist denn los mit dir?" fragt Dirk.
„Ach, laß mich doch mit deinen blöden Fragen in Ruhe", sagt Lisa.
Dirk erzählt von seinem neuen Hamster. „Der sieht total süß aus. Den mußt du dir unbedingt mal ansehen."
„Dein Hamster ist mir egal."
Vorsichtig fragt Dirk nach: „Hast du Lust, daß wir uns heute nachmittag treffen?"
„Das weiß ich doch jetzt noch nicht. Komm, wir gehen raus auf den Schulhof."
Dirk und Lisa gehen zusammen auf den Schulhof. Dirk möchte sich so gerne mit Lisa unterhalten, aber Lisa hat auf nichts Lust. „Ach, du nervst mich mit deinem ewigen Gequatsche."
Dirk wird sehr traurig. „Ich habe mir solche Mühe gegeben, nett zu Lisa zu sein", denkt er, „aber an mir meckert sie jetzt auch noch rum. Ich

kann doch nichts dafür, daß Lisa schlechte Laune hat. Vielleicht sollte ich sie jetzt einfach in Ruhe lassen."
„Lisa, ich habe mir überlegt, daß ich in die Pausenhalle zum Kickern gehe. Dann hast du deine Ruhe. Und wenn du Lust und bessere Laune hast, können wir uns heute nachmittag treffen."
„Jetzt läßt du mich einfach hier alleine stehen, was fällt dir denn ein? Ich glaube, du spinnst", ist die unfreundliche Antwort von Lisa.

Rollenspiel: Dirk und Lisa streiten sich

Mögliche Interventionen:
Dirk: Du mußt deine Laune doch nicht an mir auslassen! – Ich verzeihe dir – Ich bin doch nicht dein Hampelmann
Lisa: Du gehst mir auf den Keks – Jetzt spielst du auch noch verrückt – Alles geht heute schief – Sei doch mal nett zu mir, wenn alles bei mir schief geht

Dirk geht trotzdem zum Kickern. Er ist nicht nur traurig, sondern auch noch ärgerlich und denkt: „Lisa ist heute eine richtige Meckerliese. Sie meckert mich aus, obwohl ich ihr nichts getan habe. Ich muß mir nicht alles von ihr bieten lassen."
Lisa denkt nach.
Nach der Pause treffen sich die beiden in der Klasse wieder.
Lisa geht auf Dirk zu. „Es tut mir leid mit meiner schlechten Laune eben. Heute ist aber auch alles bei mir schief gegangen, deshalb war ich so komisch."
„Ja, es war schon schwierig mit dir. Egal, was ich dir gesagt habe, du hast an allem rumgemeckert, und ich wußte schon nicht mehr, was ich machen sollte."
„Ich kann verstehen, daß du dann keine Lust mehr hattest, bei mir zu bleiben. War schon in Ordnung, daß du zum Kickern gegangen bist", entgegnet Lisa. „Bist du denn jetzt noch böse auf mich?"
„Nein", antwortet Dirk, „ich bin aber froh, daß deine Laune nun wieder besser ist."

Weitere Möglichkeiten, das Thema zu vertiefen

Regeln für richtiges Streiten entwickeln, dazu Plakate oder Arbeitsblätter erstellen.
Wenn ich sauer bin, darf ich schreien, mit dem Fuß aufstampfen, mit der Faust auf den Tisch hauen, dem anderen die Meinung sagen, mich zurückziehen und mich beruhigen usw.
Wenn ich sauer bin, darf ich den anderen nicht verletzen, indem ich Sachen des anderen zerstöre, mit „bösen" Schimpfwörtern, mit Schlagen oder Treten usw. Wichtig ist auch hier, die individuellen Möglichkeiten und das Verhaltensrepertoire der Schüler aufzugreifen.

Betrachten einer Bildergeschichte: „Streit und Versöhnung"
Gut bebilderte und verständliche Geschichte in: I. Achilles u. a., Sexualpädagogische Materialien für die Arbeit mit geistig behinderten Menschen, S. 89f

Interaktionsspiel: Streiten ohne Berühren
Die Schüler werden in zwei Gruppen eingeteilt, die sich gegenüber stehen.
Evtl. eine Trennungslinie zwischen den Gruppen ziehen. Auf ein Kommando hin dürfen sich die Gruppen anschreien, bedrohen und beschimpfen. Nach einem weiteren Zeichen wird der „Streit" beendet und die Hände zur Versöhnung gereicht. Die Schüler sollten nun ihre Erfahrungen über das Erlebte austauschen.
aus: I. Achilles u. a., Sexualpädagogische Materialien für die Arbeit mit geistig behinderten Menschen, S. 148

18.1

18.2

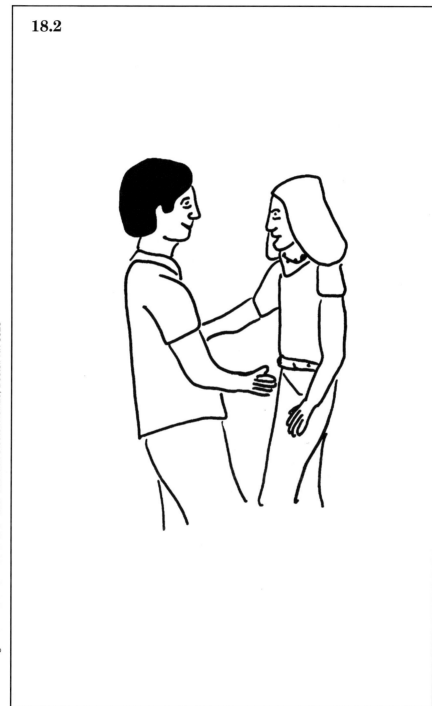

18.3

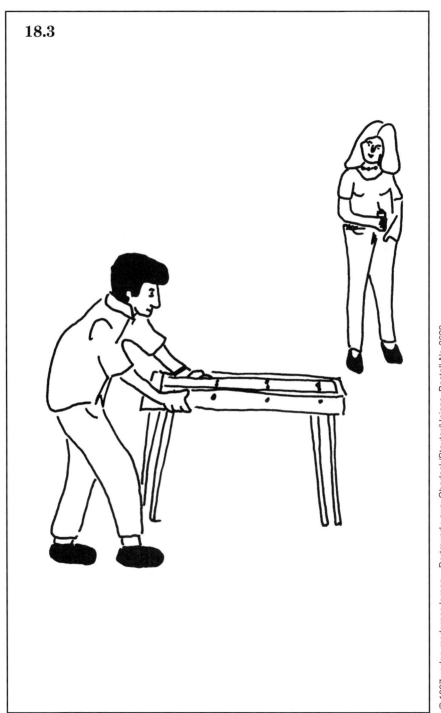

18.4

19. Lisa und Dirk schlafen das zweite Mal miteinander

Die Schüler erfahren, wie zwei Menschen miteinander schlafen können und daß dies sehr schön sein kann.

Es ist Freitagabend. Dirk und Lisa sitzen in Dirks Zimmer.
„Wozu hast du denn heute Abend Lust?" fragt er.
„Och, ich fände es ganz schön, wenn wir schmusen", antwortet Lisa.
„Ich hänge das Schild 'Eintritt verboten' vor die Tür, damit uns keiner stört", sagt Dirk.
„Hast du denn auch Lust, daß wir zusammen schlafen?" möchte er wissen.
„Ich weiß noch nicht so genau. Mal abwarten", sagt Lisa. „Aber die Kondome könntest du ja schon mal auf den Nachttisch legen."
Lisa und Dirk ziehen sich ganz aus und machen es sich auf Dirks Bett bequem.
Sie rutschen ganz eng zueinander.
„Ich habe Lust, dich zu streicheln", sagt Lisa. Sie nimmt Dirks Kopf in ihre Hände und küßt ihn auf die Stirn, die Wangen, auf die Nasenspitze und den Mund.
Mit ihren Händen massiert sie dabei zärtlich seine Kopfhaut. Dirk atmet ganz tief durch, weil ihm das sehr gefällt. Er liegt entspannt auf dem Rücken. Lisa setzt sich auf seine Oberschenkel und streichelt ihn über die Brust, die Schultern, die Achselhöhlen und den Bauch. Dirks Penis wird größer und steifer.
„Das ist so schön, mit dir zu schmusen", sagt Dirk. „Ich kann gar nicht genug kriegen."
Lisa küßt ihn auf die Brust und den Bauch.
„Ich möchte dich jetzt auch mal streicheln", sagt Dirk, „am liebsten überall."
Lisa legt sich auf den Rücken. Dirk kniet neben ihr und streichelt über ihre Schultern und den Nacken. Lisa meint, die ganze Haut an ihrem Körper kribbelt. Dann nimmt Dirk Lisas Busen in seine Hände und massiert ihn. „Du fühlst dich ganz toll an", sagt er. Lisa hat es sehr gerne, wenn Dirk so zärtlich ihren Busen massiert. Ihr Herz klopft heftiger. Dirk beugt sich nach vorne und lutscht an ihren Brustwarzen. Er merkt, wie er immer erregter wird. Er könnte Platzen vor Freude. Lisa spürt ein angenehmes Gefühl in ihrer Scheide. Ihre Scheide ist feucht. Sie legt sich auf den Bauch.

Dirk streichelt ihre Oberschenkel und den Po. Wenn Dirk sie an den Innenseiten der Oberschenkel streichelt, spürt sie ein starkes Kribbeln in ihrer Scheide. Sie dreht sich um, so daß Dirk ihre Scheide streicheln kann. Vorsichtig berührt er ihre Schamlippen. Ein Zucken geht durch Lisas Körper.
Dirk läßt die Schamlippen los.
„Ist etwas nicht in Ordnung?" fragt er erschrocken.
„Nein", antwortet Lisa, „es ist alles sehr schön."
Dirk streichelt weiter ihre Schamlippen und berührt zärtlich Lisas Kitzler. Lisa kann vor Erregung nicht mehr ruhig liegen.
„Deine Scheide fühlt sich ganz feucht und weich an", sagt Dirk.
„Ich brauche mal eine kurze Pause, weil ich es nicht mehr aushalten kann. Ich möchte gerne deinen Penis streicheln", sagt Lisa.
Dirk legt sich auf den Rücken. Lisa streichelt zärtlich seine Brust und seinen Bauch. Dirk atmet ganz tief und entspannt. Lisa berührt vorsichtig seinen Penis.
„Ist es schön so für dich?" fragt Lisa.
„Den kannst du ruhig fester anfassen. Der ist nicht so empfindlich. Nur der Hoden, der ist sehr empfindlich", sagt Dirk.
Lisa umfaßt den Penis mit ihrer ganzen Hand und bewegt diese hin und her.
Dirks Atem wird heftiger, und sein Herz schlägt schneller. Er spürt ein angenehmes Kribbeln am ganzen Körper. Er könnte platzen, so heftig ist das Gefühl.
„Lisa", sagt er, „ich möchte mir dir schlafen."
Lisa läßt Dirks Penis los. „Ja, Lust habe ich auch, aber ich weiß nicht so recht."
„Was weißt du nicht so recht?" fragt Dirk. „Sag es mir bitte."
„Ich traue mich nicht, weil ich Angst habe, daß es wieder weh tut und ich dann keinen Spaß mehr dabei habe. Eigentlich möchte ich auch ganz gerne."

Gespräch: Lisa möchte gerne mit Dirk schlafen, traut sich aber nicht.

Gesprächsimpulse:
Sollen die beiden miteinander schlafen? – Was macht Lisa Angst? – Wie kann Dirk Lisa helfen? – Was kann Lisa tun?

„Laß es uns doch noch mal probieren. Ich bin ganz vorsichtig und wenn es dir trotzdem wehtut, sagst du sofort Bescheid. Ich streichle dich so

lange, bis deine Scheide feucht ist. Entweder du sagst mir, wann ich den Penis in dich reinstecken soll, oder du machst es selber. Wenn du aber nicht möchtest, dann schlafen wir heute eben nicht zusammen, sondern ein anderes Mal. Sollen wir das so mal ausprobieren?" fragt Dirk.
Lisa nickt. „Und mach bitte auch langsam", sagt sie.
„Klar mache ich das, wir können ja erst noch ganz lange schmusen", meint Dirk.
Lisa ist trotzdem sehr aufgeregt und hat immer noch Angst, daß es nicht klappt. Aber sie hat sich ganz fest vorgenommen, wenn es für sie nicht mehr schön ist, sofort Bescheid zu sagen.
Auch Dirk ist aufgeregt. „Hoffentlich klappt es diesmal sofort mit dem Kondom", denkt er. Er nimmt ein Päckchen vom Nachttisch und öffnet es. Lisa streichelt ihn dabei über den Rücken und die Schultern. Dirk hält das Kondom mit der einen Hand an der Spitze fest und rollt es mit der anderen Hand über seinen Penis. Heute klappt es ohne Probleme.
Dirk liegt auf dem Rücken. Lisa setzt sich auf seine Oberschenkel und streichelt seine Brust und den Bauch.
Sie legt sich auf Dirk.
„Mach bitte noch mal wie eben", sagt Lisa. Dirk nimmt Lisas Brustwarzen zwischen seine Lippen und lutscht. Lisa hat das besonders gerne, denn sie spürt wieder das starke Kribbeln in ihrer Scheide.
Sie küssen sich gegenseitig das Gesicht. Dirk spürt Lisas Zunge in seinen Mund eindringen. Dirk mag es sehr, wenn Lisa ihn so küßt. Seine Erregung wird immer stärker. Er kann nicht mehr ruhig liegen bleiben und bewegt seine Hüfte hin und her.
Lisa macht ihre Beine auseinander. Dirk streichelt ihren Po, die Oberschenkel und ihre Scheide. Lisa merkt, wie ihre Scheide immer feuchter wird. Sie bewegt ihre Hüfte auch hin und her und reibt dabei über Dirks Penis. Lisa nimmt den Penis in ihre Hände und legt ihn zwischen ihre Schamlippen. Beide bewegen sich im selben Rhythmus hin und her.
„Ich möchte dich in mir spüren", sagt Lisa.
Sie macht die Beine ganz weit auseinander und spreizt mit einer Hand ihre Schamlippen. Vorsichtig dringt Dirk mit seinem Penis in ihre Scheide ein.
„Ist es gut so?" fragt er. „Ja", sagt Lisa.
Beide bewegen ihre Hüften nun schneller und heftiger. Lisa ist es ein bißchen schwindelig vor Glück. Ihr Herz rast, und ihr ganzer Körper kribbelt. Dirk kann es kaum noch aushalten. Er hat das Gefühl, als ob er gleich explodiert, denn die Spannung in seinem Körper wird immer stärker und größer. Vor Erregung stöhnt er laut. Auch Lisa stöhnt. Plötzlich hat er das Gefühl, als ob ein Blitz in seinen Körper geschlagen

ist. Die Spannung hat jetzt nachgelassen, und sein Atem wird wieder ruhiger. Dirk fühlt sich zufrieden und entspannt. Er merkt, daß Lisa sich immer noch heftig bewegt. Er drückt sie ganz fest an sich, nimmt ihre Brustwarzen in seinen Mund und lutscht heftig an ihnen. Mit seinen Händen massiert er ihren Po. Lisas Bewegungen werden noch heftiger und schneller. Ihr Stöhnen wird lauter. Lisa hat das Gefühl, als ob sie platzen könnte. Die Spannung in ihrem Körper wird noch stärker. Plötzlich bewegt sich eine heftige Welle durch ihren Körper. Danach werden ihre Bewegungen und ihr Atem ruhiger. Sie fühlt sich wohl und entspannt und genießt es, so eng mit Dirk zusammenzuliegen.
Ruhig liegen Dirk und Lisa aufeinander.
„Ich glaube, mein Penis wird schlaffer. Ich denke, es ist besser, ihn jetzt aus der Scheide zu ziehen."
Dirk hält das Kondom am Ring gut fest und zieht seinen Penis langsam und vorsichtig aus Lisas Scheide, so daß das Kondom nicht verrutschen kann.
Er rollt das Kondom vorsichtig ab. „Ich verschwinde mal schnell ins Bad", sagt er.
Dirks Penis ist klebrig von der Samenflüssigkeit. Er wäscht den Penis und seine Hände und legt sich wieder zu Lisa. Ganz eng kuscheln sich die beiden aneinander.
„Wie war es für dich?" fragt er Lisa.
„Toll", antwortet Lisa, „es war toll, dich so tief in mir zu spüren. Es hat auch nicht wehgetan."
„Als ich dich so stöhnen hörte, hatte ich schon Angst, daß etwas nicht in Ordnung ist", sagt Dirk.
„Nee, es war alles in Ordnung. Ich weiß auch nicht, das Stöhnen kam einfach so. Du hast aber auch gestöhnt. Ich glaube, noch viel lauter als ich."
Dirk lacht.
„Wie war es denn für dich?" möchte Lisa wissen.
„Auch ganz toll. Ich dachte, eine warme Welle kommt über mich."
„Bei mir war das auch so ähnlich. Ich dachte auch, ich explodiere. Es war ein Gefühl, als wenn ein Blitz einschlägt. Es war auch schön, daß du mich dabei gestreichelt hast und an meinen Brustwarzen gelutscht hast."
„Ich hoffe, ich habe dabei nicht zu feste zugepackt."
„Nee, das war schon so in Ordnung", meint Lisa. „Aber jetzt bin ich richtig erschöpft."
„Ich auch. Aber ich möchte noch gerne etwas in deinen Armen liegen", sagt Dirk.

Weitere Möglichkeiten, das Thema zu vertiefen

Bilder zum Geschlechtsverkehr betrachten und darüberreden
Was ist die richtige Stellung? – Gibt es richtige bzw. falsche Stellungen? – Abbildungen in: H. Dixon/A. Craft, Mach Dir selbst ein Bild, III 45 – L. Möller, Kinder machen geht so!, S. 22f – S. Härdin, Wo kommst Du her?, S. 11ff – Rutgers Stichting, Geen Kind meer, S. 26ff/41/55ff

Informationsgespräch über die körperlichen Abläufe, wenn der Penis in den Körper der Frau eindringt
Evtl. mit der großen Pappfrau und einem Pappmann, der nach den gleichen Regeln gebaut wird (siehe Kapitel 16).
Abbildungen in: Rutgers Stichting, Geen Kind meer, S. 29ff
Anleitung zum Bau eines dreidimensionalen Modells in: D. Dittli/H. Furrer, Freundschaft – Liebe – Sexualität: Grundlagen und Praxisbeispiele für die Arbeit mit geistig behinderten Frauen und Männern, S. 69ff

Ein Stimmungsbild von einem ganz tollen Gefühl malen
Als Anregung dazu siehe: S. Schneider/B. Rieger, Das Aufklärungsbuch, S. 82f

Erzählen von Berichten über orgastische Erfahrungen
z.B.: L. Garfield Barbach, For Yourself, Frankfurt/Berlin 1992, Uhlstein, S. 82ff – D. Schnack/R. Neutzling, Die Prinzenrolle, S. 276 ff

19.1

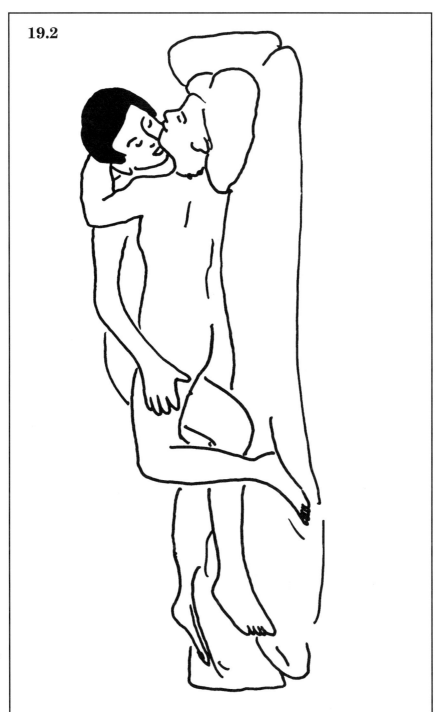

19.2

19.3

19.4

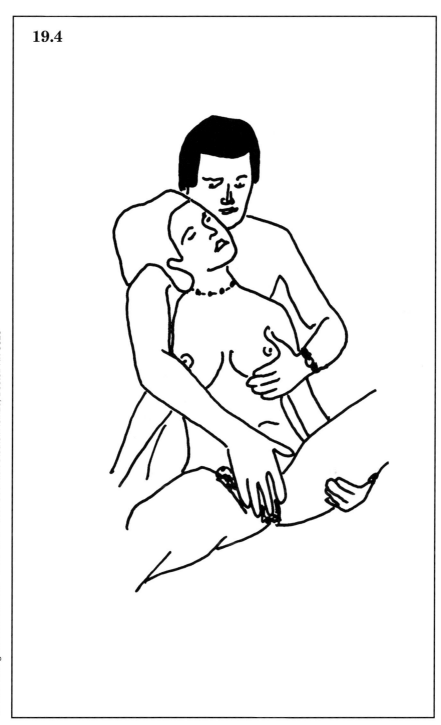

19.5

19.6

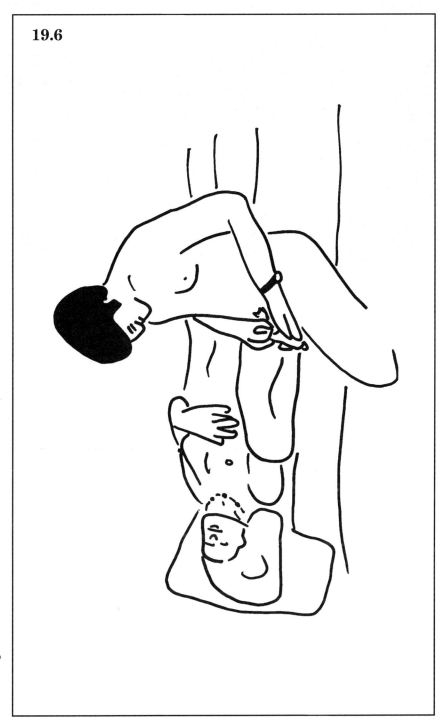

19.7

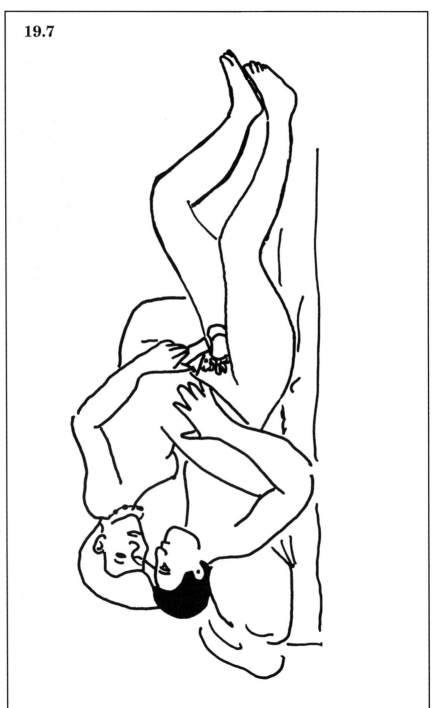

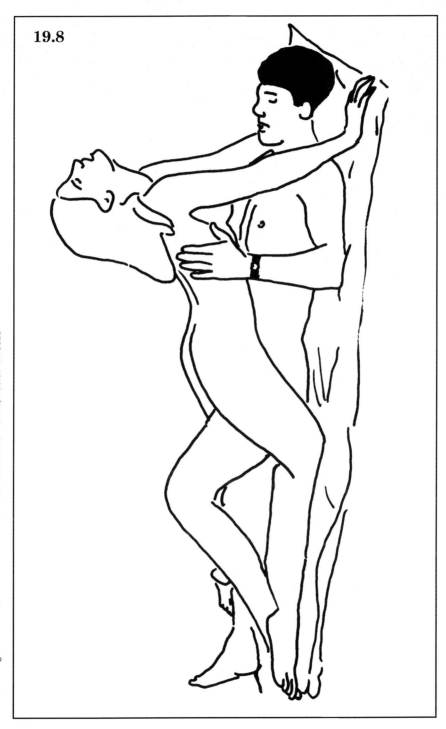

19.9

19.10

20. Lisa wird belästigt

> *Die Schüler erfahren, daß es sexuelle Belästigungen gibt und lernen Möglichkeiten kennen, sich zu wehren.*

Lisa und Dirk haben Streit.
„Schon wieder hast du schlechte Laune", sagt Dirk. „Ich habe keine Lust, mit dir zusammen zu sein, wenn du immer so launisch bist."
Lisa ist richtig sauer und sagt: „Ich habe keine schlechte Laune. Du hast heute deinen schlechten Tag, denn du meckerst schon die ganze Zeit an mir herum. Ich möchte jetzt meine Ruhe haben."
Sie geht allein spazieren. Da stört sie keiner. Auf einer Bank ruht sie sich aus. „Manchmal ist Dirk ziemlich ätzend. Ich gebe mir Mühe, nett zu sein, und er ist so unfreundlich", denkt Lisa.
Plötzlich sieht sie Michael. Er sitzt auf seinem Fahrrad und kommt ihr entgegen.
„Hallo, wer sitzt denn da so traurig?" ruft Michael, stellt sein Rad ab und setzt sich neben Lisa.
„Mensch, du siehst ja traurig aus. Was ist denn los?"
Lisa erzählt ihm, was passiert ist.
„Meistens ist es ja sehr schön mit Dirk. Aber in letzter Zeit haben wir so oft Streit. Ich weiß nicht mehr, wie das weitergehen soll. Manchmal bin ich sehr traurig und denke, wir sollten besser Schluß machen", sagt sie.
„Das ist ja wirklich doof. Ich kann schon gut verstehen, daß du jetzt sehr traurig bist", sagt Michael.
Lisa ist froh, daß sie Michael alles erzählen kann und daß Michael sie versteht.
Michael legt den Arm um Lisa. „Komm, laß uns noch ein bißchen spazieren gehen", sagt er. „Das tut dir bestimmt gut."
„Au ja, das ist eine gute Idee", sagt Lisa, und die beiden gehen los. Lisa fühlt sich schon besser. Sie freut sich, daß Michael so nett zu ihr ist und sie tröstet.
Michael und Lisa unterhalten sich.
„Komm, laß uns doch eine kleine Pause machen", sagt Michael.
Lisa und Michael setzen sich auf die Wiese.
„Ich wußte gar nicht, daß du so nett bist", sagt Lisa zu Michael und lacht ihn an.
„Ich finde auch, daß du sehr nett bist", sagt Michael.
Michael legt den Arm um Lisa und streichelt sie vorsichtig über den Rücken.

„Ist das schön so?" fragt er.

„Ja", sagt Lisa und streichelt ihn auch über den Rücken. Sie legen sich auf die Wiese und kuscheln sich ganz eng zusammen. Michael greift unter ihren Pullover und streichelt sie dort über den Rücken. Er möchte ihren BH aufmachen. Lisa rutscht zur Seite.

„Ich möchte das nicht. Laß das bitte."

Aber Michael lacht. „Ach komm, das ist doch nicht schlimm, das macht doch Spaß."

„Ich möchte das aber trotzdem nicht", sagt Lisa.

„Ich bin vorsichtig und ganz zärtlich", sagt Michael. „Sei doch nicht so."

„Na gut", denkt Lisa, „er hat mich ja so nett getröstet."

Sie kuschelt sich wieder enger an Michael heran. Vorsichtig macht er ihr den BH auf und streichelt sie über den Busen. Dann küssen sie sich.

„Es ist so schön mit dir", sagt Michael.

Michael zieht die Hände aus dem Pullover hervor, um Lisas Hose zu öffnen.

„Hör auf", sagt Lisa. „Ich will das nicht."

„Stell dich doch nicht so an", sagt Michael und macht ihre Hose auf. „Das macht doch Spaß."

„Ich will das aber nicht", sagt Lisa.

Michael lacht und sagt: „Komm, sei doch nicht so."

Er versucht, ihre Jeans runterzuziehen. Lisa will zur Seite rutschen, aber er hält sie fest.

„Komm, stell dich doch nicht so an." Michael zieht Lisa enger an sich. „Ich bin auch ganz vorsichtig, ich tue dir nicht weh."

Lisa sagt: „Laß mich los. Ich will nicht."

Aber Michael läßt sie nicht los. Lisa bekommt große Angst.

Rollenspiel: Lisa wehrt sich

Es gilt bei diesem Spiel in besonderem Maße zu bedenken, daß u.U. Mißbrauch geschädigte Schüler in der Klasse sein könnten. Vor Beginn müssen deutliche Zeichen für einen Abbruch geübt werden, z.B. wenn „Stopp" gerufen wird, muß sofort aufgehört werden. Evtl. in einem kurzen Spiel üben. Die Lehrerin spielt immer die Rolle Michaels und dosiert ihre Angriffe vorsichtig gegenüber dem Schüler, der Lisa spielt. Gut ist es, wenn die Lehrerin sich mit Kissen und Polstern schützt und der Schüler die Erlaubnis erhält, auf diese Flächen zu schlagen. Die zweite Lehrerin sollte den Lisa spielenden Schüler unterstützen, und immer sollte Lisa die Auseinandersetzung gewinnen. ▶

> *Mögliche Interventionen:*
> *Michael:* Stell dich nicht so an – Du hast doch auch Spaß daran – Ich kriege dich doch – Halt die Klappe
> *Lisa:* Laß mich los – Ich will nicht – Ich erzähle alles meinen Eltern – Ich erzähle alles deinen Eltern – Ich gehe zur Polizei – Hilfe

„Wenn du mich nicht sofort losläßt, schreie ich."
Michael lacht. „Dich hört doch hier sowieso keiner. Komm, stell dich nicht so an."
Mit einer Hand zieht Michael seine Hose runter, mit der anderen Hand hält er Lisa fest.
Lisa schreit so laut sie kann: „Hilfe, Hilfe."
„Du spinnst doch", sagt Michael und hält ihr den Mund zu.
Lisas Angst wird immer größer.
„Was soll ich nur machen, wenn mich hier keiner hört?" denkt sie. „Ich muß versuchen, so schnell wie möglich hier wegzukommen. Das ist meine einzige Chance."
Lisa versucht aufzustehen und sich loszureißen, aber Michael hält sie fest. Lisa schlägt so fest sie kann auf Michael ein.
„Hör auf, du alte Ziege", ruft Michael.
Noch einmal versucht Lisa sich loszureißen, aber Michael hält sie immer fester. Jetzt tritt Lisa ihn mit all ihrer Kraft in seinen Penis. Vor Schmerz läßt Michael sie los. Lisa nutzt ihre Chance und rennt so schnell sie kann nach Hause.
Keiner ist in der Wohnung. Lisa legt sich auf ihr Bett und weint.

Weitere Möglichkeiten, das Thema zu vertiefen

- Evtl. Mädchen und Jungen bei den Gesprächen und den Übungen trennen

Bilderbücher und Geschichten anschauen bzw. lesen und besprechen
z.B.: M. Mebes/L. Sandrock, Kein Anfassen auf Kommando, – M. Mebes/L. Sandrock, Kein Küßchen auf Kommando – R. Griffel/G. Willim, Jenny sagt „Nein" – O. Wachter, Heimlich ist mir unheimlich

Gespräch: Mißbrauch durch einen Betreuer, Pfleger oder Lehrer
Beispiel in: D. Dittli/H. Furrer, Freundschaft – Liebe – Sexualität:

Grundlagen und Praxisbeispiele für die Arbeit mit geistig behinderten Frauen und Männern, S. 85ff

Gespräch: Was kann ich tun, wenn mich jemand bedrängt?
Gesprächsimpulse: Kann ich mich immer wehren? – Wie kann ich solche Situationen vermeiden? – Habe ich Schuld, wenn mich jemand belästigt?

Übungen zum lauten Schreien
Bekannte Fangspiele spielen. Der Gefangene muß laut um Hilfe schreien, oder nach Aufforderung schreit die ganze Gruppe der Mädchen, Jungen, Jeansträger etc.

Übungen zum Angriff
Eine dicke Weichbodenmatte wird an einer Wand stehend fixiert und mit einer Körperabbildung mit Kennzeichnung der Geschlechtsorgane in Lebensgröße versehen. An dieser „Puppe" können Kniestöße und Handkantenschläge geübt werden.

Interaktionsspiele zum Üben der Durchsetzungsfähigkeit
— *Standpunkt einnehmen:* Zwei Partner stehen Rücken an Rücken (Hand an Hand, Schulter an Schulter, Po an Po) und versuchen sich gegenseitig wegzudrücken. Es sollten möglichst gleichstarke Partner gewählt werden. Am Ende über das Erlebte sprechen und sich versöhnen.

— ***Schatz verteidigen***
Die Gruppe hält sich an den Händen und bildet einen Kreis. Ein Schüler steht außerhalb des Kreises. In der Mitte des Kreises liegt ein „Schatz", den die Gruppe zu beschützen versucht. Der einzelne Schüler versucht die Kette zu durchbrechen und in den Kreis zu gelangen.

Diese und weitere Spiele sind zu finden in: I. Achilles u. a., Sexualpädagogische Materialien für die Arbeit mit geistig behinderten Menschen, S. 146ff

20.1

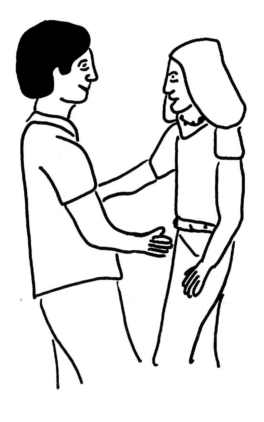

20.2

20.3

20.4

20.5

20.6

20.7

21. Lisa hat Kummer

Die Schüler erfahren, daß es schwer fällt, über sexuelle Belästigungen zu sprechen und ein Gespräch mit einer Vertrauensperson Erleichterung verschaffen kann.

Lisa liegt auf ihrem Bett und weint. Sie ist ganz verzweifelt und enttäuscht. Erst war Michael so nett zu ihr, hat ihr zugehört und sie getröstet. Und dann so etwas.
„Das ist eine Riesengemeinheit", denkt Lisa. „Gut, daß ich mich gewehrt habe."
Immer noch muß Lisa weinen. Was soll sie jetzt machen? Gleich werden ihre Eltern und Anne nach Hause kommen. Sie möchte aber am liebsten ihre Ruhe haben.
Etwas später kommen die Eltern und Anne nach Hause. Ihre Mutter klopft an Lisas Tür. „Herein", ruft Lisa und die Tür wird geöffnet.
„Ich habe Kopfschmerzen", sagt Lisa. „Deshalb habe ich mich schon hingelegt."
„Möchtest du noch etwas haben?" fragt die Mutter.
„Nein", antwortet Lisa, „ich möchte nur schlafen."
„Gute Besserung wünsche ich dir. Schlaf gut", sagt die Mutter.
Nachts kann Lisa nur schlecht schlafen. Immer muß sie an Michael denken.
Sie träumt davon, wie er sie festgehalten hat. Sie wacht mit starkem Herzklopfen auf und muß schon wieder weinen.
Am nächsten Morgen kommt ihre Mutter herein.
„Wie geht es dir?" fragt die Mutter.
Lisa schüttelt den Kopf und mag die Mutter nicht ansehen.
„Hast du geweint?" fragt die Mutter. „Du hast so rote Augen."
Lisa fängt wieder an zu weinen.
„Was ist denn passiert?" fragt die Mutter. „Erzähl doch mal."
Lisa schüttelt den Kopf und schluchzt.
„Wenn du jetzt nicht möchtest, dann kannst du mir das doch später erzählen. Du mußt aber jetzt aufstehen."
Lisa schüttelt den Kopf. „Ich kann nicht aufstehen, weil ich krank bin. Ich habe Kopfschmerzen und konnte die ganze Nacht nicht schlafen. Ich glaube, ich habe auch Fieber."
Die Mutter streichelt Lisa übers Haar: „Ich glaube, du hast Kummer und kein Fieber. Aber wenn es dir nicht gut geht, dann bleib mal lieber hier. Vielleicht erzählst du mir dann später deinen Kummer."

„Das geht nicht", sagt Lisa und muß schon wieder weinen.
„Vielleicht gibt es jemand anderen, dem du deinen Kummer erzählen möchtest?" fragt die Mutter und nimmt Lisa in die Arme, um sie zu trösten.
„Nein, ich kann das keinem erzählen."
„Kann ich noch irgendetwas für dich tun?"
Lisa schüttelt den Kopf.
„Dann laß ich dich jetzt alleine und komme später noch einmal wieder", sagt die Mutter und geht hinaus.
Lisa denkt noch ganz lange nach: „Ich habe Angst, wieder in die Schule zu gehen. Vielleicht macht Michael das ja noch mal. Dem ist ja alles zuzutrauen. Ich hätte mich mit Michael überhaupt nicht auf die Wiese legen sollen. Vielleicht habe ich ja selber Schuld, daß Michael so aufdringlich geworden ist. Schließlich habe ich ja mit ihm schmusen wollen."
Auch am nächsten und übernächsten Tag geht es ihr noch nicht viel besser, aber sie geht wieder in die Schule.
Ihre Mitschüler und ihre Lehrerin Frau Schneider merken, daß mit Lisa etwas nicht stimmt.
„Was ist denn mir dir los?" fragt Dirk.
„Ach, ich weiß nicht so recht", antwortet Lisa.
„Ist irgendetwas mit dir?" fragt Katrin.
„Ja, mir geht es nicht so gut", sagt Lisa.
„Hast du Kummer?" fragt Frau Schneider. „Du bist nicht mehr so wie früher."
Lisa kämpft mit ihren Tränen und nickt.
„Dann such dir jemanden, mit dem du darüber sprechen kannst. Wenn du möchtest, kannst du mir deinen Kummer erzählen", sagt Frau Schneider.
Nachts liegt Lisa oft lange wach und kann nicht schlafen. Sie weiß nicht, was sie machen soll.

Identifikationsspiel: Wenn ich Lisa wäre, würde ich...

Jeder darf Lisa spielen und den Satz beenden: Wenn ich Lisa wäre, würde ich...
In einem anschließenden Gespräch über die Lösungsideen diskutieren und feststellen, daß es verschiedene Möglichkeiten gibt, auf einen solche Situation zu reagieren.

Lisas Mutter merkt, daß es Lisa immer noch nicht besser geht.
„Lisa, wenn du dein Problem alleine nicht lösen kannst, dann such dir doch jemanden, mit dem du darüber sprechen möchtest. Das können Papa oder ich sein, oder auch jemand anderes. Vielleicht deine Lehrerin oder Katrin oder Dirk."
Lisa denkt darüber nach.
„Wenn ich es Papa und Mama erzähle, dann werden die sicher sehr traurig und ärgerlich. Vielleicht schimpfen sie mit mir, daß ich mit Michael spazieren gegangen bin und geschmust habe. Vielleicht darf ich dann alleine nicht mehr raus.
Und wenn ich es Dirk erzähle? Vielleicht wird er sauer, wenn er hört, daß ich mich von Michael habe trösten lassen. Vielleicht denkt er, ich sei selber Schuld.
Und Katrin? Eigentlich kann ich ja mit Katrin über alle meine Probleme reden. Aber Katrin war ja mal mit Michael befreundet, da ist es nicht so gut, ihr diese Sache zu erzählen.
Und wenn ich mit Frau Schneider darüber rede und sie bitte, es keinem weiter zu erzählen? Meistens hat Frau Schneider Verständnis für unsere Probleme."
Lisa beschließt, mit Frau Schneider über die Sache zu sprechen.
Am nächsten Tag, als ihre Mitschüler schon in die Pausenhalle gegangen sind, bleibt Lisa noch in der Klasse. Sie traut sich nicht, Frau Schneider zu sagen, daß sie mit ihr sprechen möchte.
„Möchtest du nicht raus gehen?" fragt Frau Schneider.
Lisa schüttelt den Kopf und sagt: „Ich möchte lieber hier bleiben."
„Möchtest du mir etwas erzählen?" fragt Frau Schneider.
Lisa nickt. „Sie dürfen es aber keinem weitersagen, was ich Ihnen erzähle."
„Natürlich erzähle ich das keinem weiter, das verspreche ich dir."
„Neulich im Wald habe ich einen Jungen getroffen."
„Welchen Jungen hast du denn da getroffen?" möchte Frau Schneider wissen. „Kenne ich den Jungen auch?"
„Ja, Sie kennen ihn. Ich möchte aber nicht sagen, wer es war. Wir haben uns ein bißchen unterhalten und sind zusammen spazierengegangen. Als wir miteinander geschmust haben, hat er versucht, mir die Hose auszuziehen. Ich habe ihm gesagt, daß ich das nicht möchte, er hat aber nicht auf mich gehört." Lisa fängt an zu weinen.
„Wie, der hat nicht auf dich gehört?" fragt Frau Schneider entsetzt und streichelt Lisa über den Rücken. „Der ist wohl verrückt. Ich hoffe, du bist abgehauen, so schnell du konntest."
„Ich konnte nicht, weil er mich festgehalten hat."

„Der hat dich festgehalten. Das ist ja schrecklich", entgegnet Frau Schneider. „Was hast du denn dann gemacht?"
„Zuerst habe ich geschrien, aber er hat mir den Mund zugehalten. Dann habe ich ihn geschlagen und in den Unterleib getreten. In dem Moment hat er mich losgelassen, und ich konnte abhauen."
„Gut, daß du dich gewehrt hast. Das finde ich richtig. So ein gemeiner Kerl. Ist er noch hinter dir hergekommen?"
Lisa schüttelt den Kopf.
„Hast du ihn danach noch mal gesehen?"
„Ja", sagt Lisa, „aber da hat er mich in Ruhe gelassen."
„Ich finde gut, daß du mir die Sache jetzt erzählt hast," sagt Frau Schneider. Sie legt den Arm um Lisa, um sie zu trösten.
„Ich muß ständig daran denken und hatte auch Angst, daß sie mir das nicht glauben."
„Natürlich glaube ich dir das. Gut, daß du mit mir darüber geredet hast. Wenn dieser Junge dich noch einmal belästigt, kannst du gerne wieder zu mir kommen. Dann überlegen wir zusammen, was du machen kannst, damit er dich in Ruhe läßt. Möchtest du, daß ich mit diesem Jungen spreche?"
„Nein", sagt Lisa.
„Hast du Angst vor diesem Jungen, wenn er erfährt, daß du mit mir geredet hast?"
Lisa nickt.
„Ich kann verstehen, nachdem was vorgefallen ist, daß du jetzt Angst vor diesem Jungen hast. Aber wenn er dir noch mal etwas tut oder dir droht, dann laß dir das nicht gefallen. Wenn du lieber mit jemanden darüber reden möchtest, den der Junge nicht kennt, dann kannst du zu einer Beratungsstelle für sexuellen Mißbrauch gehen. Es ist auch möglich, daß ich mit dir zusammen dort hingehe. Bitte Lisa, wenn noch mal etwas passiert, sag einem Erwachsenen Bescheid, daß er dir helfen kann."
„Ja, wenn noch mal etwas passiert, komme ich wieder zu Ihnen. Ich bin froh, daß ich Ihnen die Sache erzählen konnte, denn es geht mir jetzt schon etwas besser."

Weitere Möglichkeiten, das Thema zu vertiefen

Besuch einer Selbsthilfegruppe
z.B. „Zartbitter" oder „Wildwasser" und Aufklärung über die Angebote dieser Gruppen. Besuch mit den Schülern gemeinsam vorbereiten. Schüler suchen Adresse im Telefonbuch heraus und vereinbaren einen Besuchstermin. Gemeinsam Fragenkatalog erstellen.

Mit wem kann ich darüber reden? (siehe Kapitel 14, S. 122)

Bilderbücher betrachten und besprechen
z.B. Wenn ich darüber reden könnte – Eine Geschichte um den sexuellen Mißbrauch — O. Wachter, Heimlich ist mir unheimlich

21.1

21.2

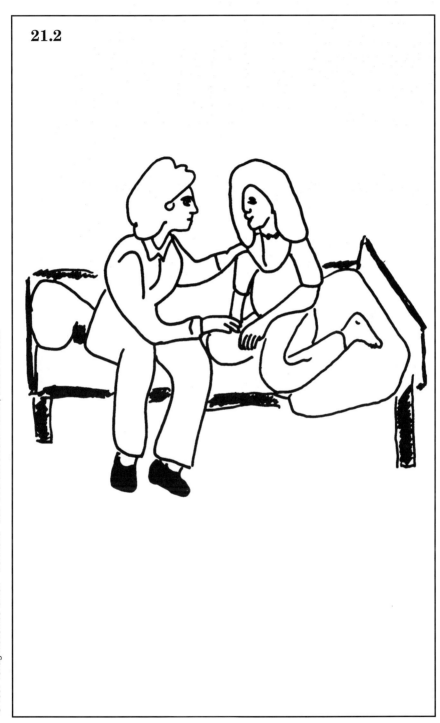

21.3

21.4

21.5

21.6

22. Lisa und Dirk schmusen miteinander

Die Schüler erfahren, daß nicht jeder sexuelle Kontakt in einem Geschlechtsverkehr enden muß und auch andere sexuelle Praktiken schön und befriedigend sind.

Lisa und Dirk sitzen in Dirks Zimmer.
„Wozu hast du denn jetzt Lust?" fragt Lisa.
„Och, ich hätte Lust mir dir zu schmusen. Was hältst du davon?" entgegnet Dirk.
„Zum Schmusen habe ich auch Lust. Die Kondome können wir ja schon mal auf den Nachttisch legen. Vielleicht brauchen wir die später noch", sagt Lisa.
Dirk legt die Kondome auf den Nachttisch. Beide ziehen sich aus und setzen sich auf Dirks Bett.
Sie kuscheln ganz eng zusammen.
„Soll ich dir den Rücken massieren?" fragt Lisa.
„Gerne", antwortet Dirk. Dirk legt sich auf den Bauch, und Lisa kniet sich neben ihn. Sie klopft vorsichtig Dirks Nacken und streichelt dann von oben nach unten über den Rücken.
„Ist es gut so?" fragt sie.
„Es ist total schön. Wenn ich eine Katze wäre, würde ich schnurren. Mach bitte so weiter", antwortet Dirk.
Nicht nur Dirk genießt diese Massage, auch Lisa mag es gerne, Dirk so zu streicheln.
Dann tauschen die beiden. Lisa legt sich auf den Bauch und wird von Dirk massiert.
„Wenn du mich so streichelst, werde ich innendrin ganz warm. Das ist ein schönes Gefühl."
„Ich möchte auch gerne deinen Bauch und deinen Busen streicheln", sagt Dirk. Lisa dreht sich um. Zärtlich reibt Dirk über Lisas Schultern, den Bauch und den Busen.
„Besonders schön ist es, deinen Busen zu streicheln. Deine Brustwarzen werden dabei ganz hart", sagt er.
„Es ist so schön, am liebsten möchte ich jetzt schnurren."
Zärtlich küssen sie sich. Lisa küßt Dirks Gesicht und seine Schultern. Dabei massiert Dirk Lisas Kopfhaut. Dann küßt Dirk Lisas Gesicht und ihren Hals. Lisa atmet tief und entspannt. Dirk streichelt ihren Busen und ihre Brustwarzen. Lisa spürt ein Kribbeln am ganzen Körper. Sie merkt, wie ihre Scheide feucht wird.

Dann küßt Lisa Dirk auf die Brust und den Bauch. Dirk genießt das sehr.

„Besonders schön ist es, wenn du mich am Nabel küßt", sagt Dirk. Er spürt, daß sein Penis größer und steifer geworden ist.

Dirk atmet tief und entspannt. Er hat im Moment keine Lust, mit Lisa zu schlafen. Er genießt es, mit ihr zu schmusen. Etwas anderes möchte er jetzt nicht.

„Aber ich glaube, Lisa möchte mit mir schlafen. Was soll ich nur machen? Ich möchte sie doch nicht enttäuschen", denkt Dirk.

Auch Lisa genießt das Schmusen sehr. Sie hat im Moment keine Lust, mit Dirk zu schlafen. Etwas anderes möchte sie jetzt nicht.

„Aber ich glaube, Dirk möchte mit mir schlafen. Was soll ich nur machen? Ich möchte ihn doch nicht enttäuschen", denkt Lisa.

„Soll ich das Kondom schon mal auspacken?" fragt Dirk.

„Ja, wenn du möchtest", antwortet Lisa.

> **Gespräch: Müssen Dirk und Lisa miteinander schlafen?**
>
> *Gesprächsimpulse:*
> Wenn man befreundet ist, muß man auch miteinander schlafen – Beim Miteinander-Schlafen ist Sex am schönsten – Wenn ein Partner mit seinem Partner schlafen möchte, muß dieser das auch tun – Was ist alles schön zu zweit? – Auch beim Petting können beide/einer/eine einen Orgasmus bekommen

Dirk rollt das Kondom über.

Es klappt aber nicht, sein Penis wird kleiner und weicher. Das Kondom rutscht immer wieder ab.

„Es klappt nicht", sagt er. Er legt das Kondom beiseite und kuschelt sich wieder an Lisa.

„Bist du jetzt sehr enttäuscht?" fragt er Lisa.

„Nein, ich bin nicht enttäuscht. Ich glaube, im Moment finde ich das Schmusen viel schöner, als mit dir zu schlafen", antwortet Lisa.

„Wie, du wolltest gar nicht mit mir schlafen?" fragt Dirk ganz erstaunt.

„Ich dachte, du wolltest mir mir schlafen, weil du vorgeschlagen hast, daß ich die Kondome auf den Nachttisch lege."

„Ja", sagt Lisa. „Das hatte ich wohl vorgeschlagen, aber ich wußte eben noch nicht, ob ich mit dir schlafen möchte. Und beim Schmusen habe ich dann gemerkt, daß ich eigentlich nur das wollte. Als ich sah, daß dein

Penis immer größer wurde, habe ich gedacht, daß du mit mir schlafen möchtest. Ich habe mich nicht getraut zu sagen, daß ich eigentlich keine Lust hatte."

„Genauso ist es mir auch ergangen. Ich habe mich auch nicht getraut."

„Dann sollten wir uns beim nächsten Mal vornehmen, direkt zu sagen, wenn wir keine Lust haben, miteinander zu schlafen", sagt Lisa.

„Ja, da hast du recht", meint auch Dirk. „Komm, laß uns noch etwas schmusen."

Weitere Möglichkeiten, das Thema zu vertiefen

Anschauen von Bildern, die Menschen zeigen, die miteinander zärtlich sind
Abbildungen in: H. Dixon/A. Craft, Mach Dir selbst ein Bild, III 27ff
– Rutgers Stichting, Geen Kind meer, S. 26f
Viele Fotos in: Bei Liebe klickt's

Massageübungen – siehe Kapitel 12, S. 101f

Massagespiele:
– *Wettermassage*
   Auf dem Rücken des Partners findet mit Hilfe von Massage- und Streichelbewegungen ein abwechslungsreicher Wetterbericht statt (tröpfeln, Platzregen, leicher Wind, Donner, Blitz, tanzende Schneeflocken etc).
– *Pizzabacken*
   Der Rücken des Partners bildet einen Pizzateig, der zuerst (sanft) geknetet und anschließend mit vielen Leckerein belegt wird. Schwächeren Schülern dabei Hilfen geben, wie z.B. Du verteilst viele runde Salamischeiben auf deiner Pizza.
– *Duschen*
   Der Partner steht und wird imaginär geduscht: Wasser tröpfelt, läuft runter, einseifen, Haare waschen, abduschen, trocken rubbeln etc.

Bei allen Massageübungen die Regeln für die Massage beachten. Siehe Kap. 12, Exkurs Massage, S. 101f

22.1

22.2

22.3

22.4

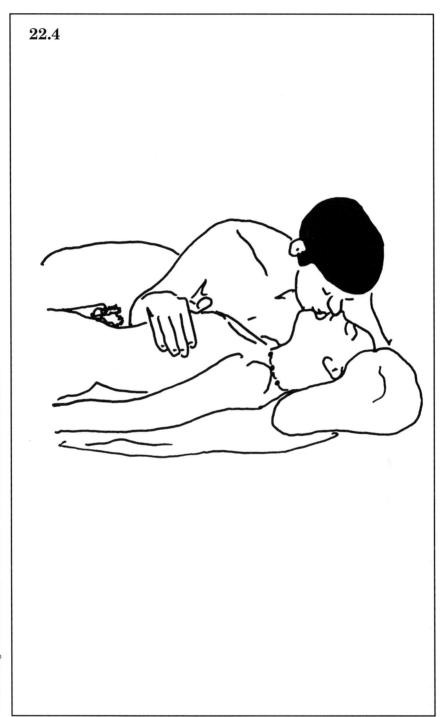

22.5

22.6

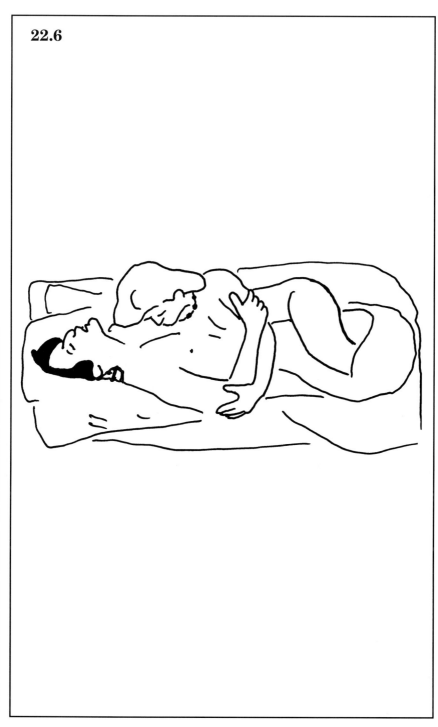

Lisa und Dirk verabschieden sich

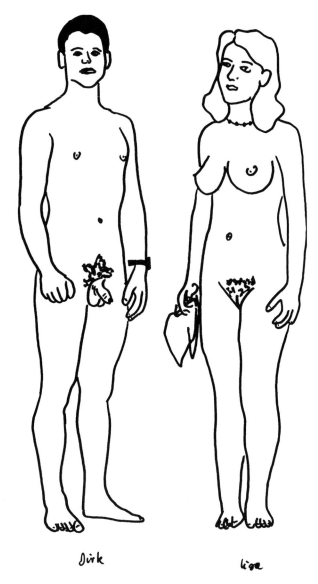

Lisa und Dirk haben Dir viel von sich erzählt und gezeigt. Sie wollen Dich daran erinnern, daß man über solche Themen nicht mit allen Menschen redet und hoffen, daß Du Menschen findest, denen Du vertraust und mit denen Du darüber reden kannst.
Zum Schluß wünschen sie Dir einen netten Freund oder eine nette Freundin, mit dem/der Du viel Freude hast.

Bücher für Lehrerinnen, „die noch nicht alles wissen"

Handbuch Sexualität

Dunde, Siegfried Rudolf, Weinheim 1992, Deutscher Studien Verlag

Ein Nachschlagewerk von Abtreibung bis Zärtlichkeit, bei dem der Schwerpunkt nicht auf biologischem Wissen liegt, sondern bei dem die sozialen, geschichtlichen und politischen Komponenten der Themen im Vordergrund stehen. Die Artikel sind nicht nüchtern lexikonartig formuliert, sondern bieten leicht lesbare, kurzgefaßte Übersichtsartikel mit einer ausführlichen Bücherliste für weiterführende Informationen.

Liebe und Sexualität

Master, William / Johnson, Virginia, Frankfurt 1993, Ullstein (Taschenbuchausgabe)

Zwei Sexualtherapeuten stellen ihre jahrelange Erfahrung in diesem gut lesbaren, ausführlichen Standardwerk zusammen und beachten dabei sowohl die biologischen als auch die psychologischen und sozialen Aspekte des Themas Liebe und Sexualität.

Für uns selbst

Meulenbelt, Anja, Frankfurt 1992, Ullstein (Taschenbuchausgabe)

Der Klassiker zum Thema Frauensexualität, von einer feministischen niederländischen Autorin 1979 geschrieben, ist keineswegs überholt. Aus weiblicher Sicht mit vielen Erfahrungsberichten von Frauen wird das weibliche Erleben von Sexualität dargestellt.

Die Prinzenrolle – über die männliche Sexualität

Schnack, Dieter / Neutzlinger, Rainer, Hamburg 1994, Rowohlt Taschenbuchverlag

Die Autoren von „Kleine Helden in Not" (Gutes Buch zur Jungensozialisation) schreiben in lockerem, leicht lesbarem Stil, wie sie ihre Sexualität erleben und lassen dabei keine Facette aus.

Bücher zur Vorbereitung des Unterrichts:

„Was macht ihr Sohn denn da?"

Achilles, Ilse, München 1990, Piper

Die Mutter eines behinderten jungen Mannes, von Beruf Journalistin, schildert die Problematik dieses Themas aus Sicht der Eltern. Sie stellt verschiedene Einstellungen von Eltern bzw. Geschwistern von Behinderten vor, berichtet über die Möglichkeiten der Sexualerziehung, behandelt dabei ausführlich das Thema Verhütung, besonders Sterilisation und Elternschaft von Behinderten, und stellt unterschiedliche Wohnformen und die damit verbundenen sexuellen Möglichenkeiten für die Bewohner vor. Ein Buch, das Eltern hilft, eine bewußtere Einstellung zur Sexualität ihrer behinderten Kinder zu bekommen.

Sexualpädagogische Materialien für die Arbeit mit geistig behinderten Menschen

Achilles, Ilse / Bätz, Regina / Bartzok, Marianne / Frühauf, Theo / Gimborn, Bernd / Gossel, Elisabeth / Habiger, Monika / Schädler, Johannes / Schröder, Siegfried / Walter, Joachim, Herausgegeben von der Bundersvereinigung der Lebenshilfe, Weinheim und Basel 1995, Beltz Verlag

Dieses Buch sollte in keiner Lehrerbücherei einer Schule für Geistigbehinderte fehlen. Auf Anregung der Lebenshilfe bildete sich eine Projektgruppe mit sexualpädagogisch erfahrenen Fachleuten, die den Auftrag hatte, praktische Arbeitshilfen für die Sexualerziehung von behinderten Jugendlichen und Erwachsenen zu einwickeln. Dieses so entstandene Buch stellt sexualpädagogische Grundlagen zur Verfügung, informiert ausführlich über Mitarbeiterschulungen, zeigt didaktische und methodische Überlegungen auf und entwickelt viele Konzepte und Materialien zu allen Themenbereichen der Sexualerziehung. Eine Fülle von sehr ansprechenden, die Lernmöglichkeiten der geistigbehinderten Schüler berücksichtigenden Zeichnungen und Kopiervorlagen machen das Buch zu einem wichtigen Fundus für Lehrerinnen. Viele dieser Materialien sind auch für lernbehinderte Schüler geeignet.

Freundschaft – Liebe – Sexualität: Grundlagen und Praxisbeispiele für die Arbeit mit geistig behinderten Frauen und Männern

Dittli, Daniela / Furrer, Hans, Luzern 1994, Schweizerische Zentralstelle für Heilpädagogik

Zwei in der Erwachsenenbildung von geistigbehinderten Menschen tätige Praktiker stellen ihr Konzept für Wochenendseminare zum Thema „Freundschaft, Liebe, Sexualität" ausführlich und anschaulich dar. Viele Anregungen mit Kopiervorlagen, Tips zum Medienbau, kommentierter Literaturliste und eine kurze theoretische Abhandlung über die gesellschaftliche Funktion der Sexualität und ihrer Geschichte, sowie der psychosexuellen Entwicklung und ihrer Bedeutung bei entwicklungsbeeinträchtigen Menschen aus psychoanalytischer Sicht, machen das Buch zu einer brauchbaren Lektüre für Lehrerinnen und Erzieherinnen. Das schwierige Thema einer Beziehung zwischen einem behinderten und nichtbehinderten Partner wird z.B. auch erwähnt.

Freiarbeit – Kartei: Sexualerziehung in Grundschulen (und Kindergarten)

Eichmanns, Claudia, Mülheim 1990, Verlag an der Ruhr

Dieses für die Grundschule konzipierte Ideenbuch gibt auch dem Sonderpädagogen Anregungen und Tips zum Erstellen von Materialien für die Freiarbeit und den spielerisch gestalteten Sexualunterricht. So enthält die Loseblattsammlung ein Würfelspiel für den Elternabend, erste Karten für eine Wissenskartei zum Thema Sexualität, Kopiervorlagen für ein Dominospiel zum Thema Gleichberechtigung, einfache Kreuzworträtsel und Spielideen für die Groß- und Kleingruppe.

„Erklär mir Liebe..." SVEGB – Materialien: Geistige Behinderung, Sexualität und Zärtlichkeit

Hrsg. SVEGB Schweizerische Vereinigung der Elternvereine für geistig Behinderte, 2501 Biel 94, (Postfach 827)

Eine Loseblattsammlung von Artikelausschnitten aus unterschiedlichen Zeitungen, Vorträgen und Büchern zum Thema Sexualtiät und Zärtlichkeit bei geistigbehinderten Menschen. Sie spiegelt den Stand der Diskussion in Fachkreisen wieder und kann durch die übersichtliche Anordnung in einem Ordner leicht ergänzt werden. Dieses Material eignet sich gut, um Diskussionen, Elternabende und Konferenzen vorzubereiten.

Sexualpädagogische Arbeitshilfe für geistigbehinderte Erwachsene

Hoyler-Herrmann, Annerose / Walter, Joachim, Heidelberg 1987, Edition Schindele

Prof. Dr. Walter, Dipl.-Psychologe und Pfarrer, Autor von mehreren Büchern und vielen Artikeln zum Themenkreis geistige Behinderung und Sexualität, stellt mit Frau Hoyler-Herrmann eine brauchbare Materialsammlung für die Sexualerziehung zusammen. Nach einer kurzen theoretischen Einführung folgt eine ausführliche Vorstellung der möglichen Themen mit einer Materialliste und einigen einfachen Abbildungen. Am Ende des Buches gehen die Autoren auf die unterschiedlichen Rahmenbedingungen ein. Dieses Buch war lange Zeit das einzige praxisorientierte Buch zu diesem Thema.

Erwachsensein und Sexualität in der Lebenswirklichkeit geistigbehinderter Menschen

Hoyler-Herrmann, Annerose / Walter, Joachim, Heidelberg 1987, Edition Schindele

Mit Hilfe von Interviews mit behinderten Menschen versuchen Walter und Hoyer-Herrmann die reale Lebenssituation von erwachsenen Behinderten zu analysieren und Forderungen für die Sexualpädagogik daraus zu ziehen. Obwohl es die Zusammenfassung einer Dissertation darstellt, ist das Buch gut lesbar. Es gibt einen fundierten Überblick über die unterschiedlichen sexualpädagogischen Theorien und zeigt Ansätze und Perspektiven einer Sexualpädagogik für geistigbehinderte Erwachsene auf.

Sexuelle Gewalt gegen Menschen mit geistiger Behinderung

Noak, Cornelia / Schmidt, Hanna, Esslingen am Neckar 1994, Fachschule für Sozialwesen Esslingen

Die erste deutsche Studie zum Thema Mißbrauch bei Menschen mit geistiger Behinderung gibt einen umfassenden Einblick in die Thematik und analysiert eine bundesweite Befragung zu diesem Thema. Alle wichtigen Fragestellungen, z. B. Sexualität bei geistigbehinderten Menschen, Fälle sexueller Ausbeutung in Einrichtungen, Einschätzungen des Risikos, als behinderter Mensch Opfer bzw. Täter eines sexuellen Mißbrauchs zu werden, sowie Möglichkeiten der Prävention und der Intervention werden angesprochen.

Streicheln ist schön – Sexuelle Erziehung von geistig behinderten Menschen

Römer, Bernhard, Mainz 1995, Matthias-Grunewald-Verlag

Der stellvertretende Leiter eines Wohnheimes gibt einen umfassenden Einblick mit vielen Fallbeispielen über die Spielarten der Sexualität von Menschen mit geistiger Behinderung. Er schildert die Aufgaben der Sexualpädagogik für diese Zielgruppe und stellt einige praktische Beispiele vor. Dieses Buch ist leicht verständlich und als erste Einführung in das Thema sowohl für Pädagogen als auch für Eltern von behinderten Schülern geeignet.

Menschen mit Behinderung

Voss, Anne / Hallstein, Monika, Schriftenreihe: Sexueller Mißbrauch, Ruhnmark 1993, Donna Vita

Eine Sammlung von Erfahrungs – und Therapieberichten, sowie eine Ideensammlung zur Präventionsarbeit bei Menschen mit Behinderung. Eines der wenigen Bücher zu diesem Thema, umfassend, leicht zu lesen und als Einstieg gut geeignet.

Sexualerziehung: Persönlichkeit – Zärtlichkeit – Information

Zeitschrift: Lernen Konkret – Unterricht mit Geistigbehinderten, Heft 4, 7. Jahrgang, Bonn – Bad Godesberg 1988

Dieses von Kolleginnen der Sonderschule für Geistigbehinderte gestaltete Heft stellt einige Grundüberlegungen zum Thema Sexualpädagogik vor mit einer überschaubaren Empfehlung, welche Themen für welche Stufe geeignet sind. Anschließend werden vier verschiedene Vorhaben hauptsächlich für Oberstufenschüler vorgestellt. In diesem Heft findet die Praktikerin viele Tips für die Unterrichtsvorbereitung.

Sexueller Mißbrauch bei Geistigbehinderten – Möglichkeiten der Prävention im Unterricht

Zeitschrift: Lernen Konkret – Unterricht mit Geistigbehinderten Heft 2, 13. Jahrgang, Rheinbreitbach 1994

Eine Beschreibung der Merkmale, Signale und Gefahren für behinderte Menschen in Bezug auf sexuellen Mißbrauch leitet dieses Heft ein. Anschließend werden einige Unterrichtsreihen zur Präventionsarbeit mit folgenden Themen vorgestellt: Gute und schlechte Gefühle, Mein Körper, Geheimnisse, Ich sag nein und hole Hilfe, Angenehme und unangenehme Berührungen. Juristische Orientierungshilfen und eine Literaturliste schließen dieses Heft ab. Dieses Heft bildet eine gute Hilfe für die Unterrichtsvorbereitung und bietet sicher auch Lehrerinnen von lernbehinderten Schülern Anregungen.

Bücher, die im Unterricht eingesetzt werden können:

Das große und das kleine Nein

Braun, Gisela / Wolters, Dorothea, Mülheim a. d. Ruhr 1991, Verlag an der Ruhr

Eine Bilderbuchgeschichte mit eindeutigen, gemalten Abbildungen, in der ein Mädchen nicht in der Lage ist, sich deutlich für seine Bedürfnisse einzusetzen. Erst als es laut „Nein" sagt, wird es mit seinen Wünschen wahrgenommen. Diese Geschichte kann gut nachgespielt werden und ist besonders für angepaßte, schüchterne Schüler geeignet.

Mach Dir selbst ein Bild – Bildkartei zur Sozial- und Sexualerzeihung von Lernbehinderten (neuer Titel: Bildkartei zur Sozial- und Sexualerzeihung von geistig und schwer Lernbehinderten)

Dixon, Hilary / Craft, Ann, Mülheim a. d. Ruhr 1992, Verlag an der Ruhr

Eine Bildkartei im DIN A5 Format mit 176 Schwarzweiß – Strichzeichnungen und 16 Farbfotografien zu den Themen Erwachsenwerden, männlicher und weiblicher Körper, öffentliche und private Orte, situationsadäquates Verhalten, Benutzung eines Kondoms, Selbstbefriedigung, Homosexualität, Benutzung einer öffentlichen Toilette. Die eindeutigen überschaubaren Bilder sind vielfältig im Unterricht, auch an der Schule für Geistigbehinderte einsetzbar, z. B. als kleine Bildergeschichte oder als Einstieg in ein Thema.

Jenny sagt „Nein"

Griffel, Rose / Willim Gabriele, Stuttgart o. Jahresangabe, Aktion Jugendschutz Landesarbeitsstelle Baden-Württemberg,

Eine bebilderte Geschichte mit eindeutigen Schwarzweißzeichnungen und einem knappen gereimten Text. Jenny orientiert sich in ihrem Verhalten an ihrem Kater Carlo. So lehnt sie ungewollte Küßchen von Onkel und Tante fauchend ab und wehrt sich erfolgreich gegen einen aufdringlichen jungen Mann. Dieses Buch ist bei geistig- und lernbehinderten Schülern einsetzbar.

Wo kommst Du her?

Härdin, Sonja, (Schweden), Frankfurt 1991, Pro Familia

Einfach, preiswert und auf 20 Seiten werden die wichtigsten Informationen zum „Kinderkriegen" mit Hilfe von Schwarzweißzeichnungen aufgemalt, ohne die lustvolle Seite der Sexualität zu verschweigen. Aufgrund der einfachen unkomplizierten Darstellungen sowohl für geistig- als auch lernbehinderte Schüler geeignet.

Bei Liebe klickt's – Liebe, Freundschaft, Sexualität, Jugendliche fotografieren Jugendliche

Institut für Sozialpädagogik Dortmund, Berlin 1991, Elefanten Press

Ein Fotokatalog zu einem Projekt des Instituts für Sozialpädagogik der Universität Dortmund. Jugendliche fotografierten Jugendliche und zeigen so ihre Sichtweise zum Thema Liebe, Freundschaft, Sexualität. Viele großformatige Fotos (keine Nacktaufnahmen), die gut als Einstieg in Gespräche und zur Veranschaulichung von Themen wie Zärtlichkeit, Freundschaft, Homosexualität, Trennung u.a. geeignet sind.

Kinder machen geht so!

Møller, Liller, Berlin 1992, Altberliner Verlag

In diesem Bilderbuch im Comicstil unterhalten sich vier Kinder in einer direkten, handfesten Sprache über Sexualität, und in ihren Gedanken entstehen aufklärende Bilder dazu. Durch die unübersichtliche Anordnung und unrealistische Farbgebung der Bilder ist dieses Buch für behinderte Schüler nur bedingt und ausschnittsweise geeignet.

Zeig' Mal!

Mc Bride, Will, Wuppertal 1990, Peter Hammer Verlag

Ein Buch mit vielen schönen, großformatigen Schwarweißfotos, die keinen Blickwinkel auslassen und alles zeigen, aber trotzdem nicht pornografisch wirken, sondern viel Sinnlichkeit, Zärtlichkeit und Spaß vermitteln. Einige Bilder sind sicher für behinderte Schüler nicht einzuordnen, aber dieses Buch gibt einen Fundus von Fotos, die gezielt ausgesucht, einzeln gut einsetzbar sind. Die kurzen begleitenden „Kinderkommentare" sind weniger ansprechend.

Zeig' Mal! Mehr!

Mc Bride, Will, Weinheim Basel, 1988, Beltz Verlag

Weitere schöne, großformatige Schwarzweißfotos wie in „Zeig' Mal!". Sexualität im Alter und Homosexualität sind z. B. einige der Themen. Dieses Buch vergrößert sicher den Fundus an ansprechenden Fotos, und wer „Zeig' Mal!" mag, wird auch „Zeig' Mal! Mehr!" nicht missen mögen.

Kein Küßchen auf Kommando

Mebes, Marion / Sandrock, Lydia, Ruhnmark 1988, Donna Vita

Ein Bilderbuch, in dem viele verschiedene Küßchen vorgestellt werden, mit der Zielsetzung Kinder zum „Nein-Sagen" zu ungewollten Küssen anzuhalten. Die einfachen Bilder sind für jüngere oder kindlichere geistigbehinderte Schüler geeignet. Vom gleichen Verlag gibt es dieses Buch auch als Malbuch.

Kein Anfassen auf Kommando

Mebes, Marion / Sandrock, Lydia, Ruhnmark 1994, Donna Vita

Eine Bilderbuchgeschichte, die angenehme und unangehme Berührungen zum Thema hat. Genauso gestaltet und für dieselbe Zielgruppe geeignet wie: Kein Küßchen auf Kommando. Auch hier kann ein Malbuch bestellt werden.

Geen Kind meer

Rutgers, Stichting / PSVG Den Haag, 1994 , zu beziehen bei Rutgers Stichting, p/a Postbus 9074, 3506 GB Utrecht (Tel – Nr. 0031/ 70 / 3454600)

Diese Aufklärungsmappe enthält 64 Schwarzweißfotos und Strichzeichnungen auf festem Karton in DIN – A4 Format. Sie kann vielseitig im Unterricht auch an deutschen Sonderschulen eingesetzt werden. So sind unter anderem folgende Themen zu finden: Körperliche Entwicklung von Mann und Frau in unterschiedlichen Altersstufen, Körperhygiene bei Mann und Frau, Petting und verschiedene Formen des Geschlechtsverkehrs von hetero- und homosexuellen Paaren, unterschiedliche Gefühle in Beziehungen, sexuelle Belästigung, Selbstbefriedigung,

Benutzung und Kauf von Kondomen sowie Schwangerschaft und Geburt. Die Zeichnungen und Fotos sind klar und eindeutig. Vorgänge wie Samenerguß, Eisprung, Befruchtung, Menstruation, sowie Sterilisation können durch Auflegen von transparenten Schemazeichnungen der inneren Geschlechtsorgane auf die entsprechenden Fotos veranschaulicht werden. Das Begleitmaterial ist leider nur in niederländischer Sprache erhältlich, aber der vielen guten Bilder und Fotos wegen lohnt sich die Anschaffung.

Das Aufkärungsbuch

Schneider, Sylvia / Rieger, Birgit, Ravensburg 1990, Ravensburger Buchverlag

Umfassendes Aufklärungsbuch mit viel Text und einigen Bildern, bei dem der Text für geistigbehinderte Schüler leider zu kompliziert ist. Die flotten Bilder und kurzen Comicgeschichten zu Themen wie Busen, Penis, Frau sein, ungewollte Erektion, erstes Verliebtsein, Verhütung u.a. lohnen aber die Anschaffung für die Sonderschule für Lernbehinderte als auch Geistigbehinderte.

Wenn ich darüber reden könnte – Eine Geschichte um den sexuellen Mißbrauch

Berlin 1991, Donna Vita

Eine Bilderbuchgeschichte mit einfachen Schwarzweißzeichnungen, bei denen die entscheidenen Informationen im Text liegen. Ein verzweifeltes Kind trifft einen Löwen. Dieser geht einfühlsam und vorsichtig auf das Kind ein und redet mit ihm über sexuellen Mißbrauch. Das Kind faßt Mut, über den eigenen, erlebten Mißbrauch zu reden.

Das Buch ist besonders für Kinder geeignet, bei denen ein Mißbrauch vermutet wird, und kann bedingt auch im sonderpädagogischen Bereich eingesetzt werden.

Geschichten zum Vor- und Selberlesen

Total verknallt – Ein Liebeslesebuch

Hrsg. Bolte, Marion / Cores, Gisela / Maiwurm, Bärbel, Hamburg 1984, Rowohlt Taschenbuchverlag

Eine bunte Sammlung von kurzen Geschichten, Gedichten, Liedertexten, Interviews von bekannten und unbekannten Autoren zum Thema Liebe und all dem, was noch da zugehört. Hier findet sich sicher mancher Aufhänger für ein Gespräch, und dank der recht kurzen Geschichten ist das Buch zun Selberlesen für lernbehinderte Jugendliche geeignet.

Ben liebt Anna

Härtling, Peter, Weinheim 1979, Beltz & Gelberg Verlag

Einfach geschriebene Geschichte, die sich zum Vorlesen bzw. Selberlesen für lernbehinderte, bedingt auch für geistigbehinderte Schüler eignet. Der 10 – jährige Ben und das Aussiedlermädchen Anna erleben ihre erste, wenn auch noch sehr kindliche Liebesbeziehung. Aber schon bald müssen sie sich wieder trennen. Nun wissen beide, wie sich Liebe „anfühlt", und der Leser ahnt es auch. Im selben Verlag ist auch ein kleines Lehrerbegleitheft erschienen.

Septemberliebe

Krenzer, Rolf, Düsseldorf 1989, Patmos Verlag

Auf unterhaltsame und einfühlsame Weise werden die Schwierigkeiten eines Ablösungsprozesses der Eltern von ihrer geistigbehinderten Tochter geschildert. Gut geeignet auch für Eltern, Wohnheimerzieher u. ä.

Bitterschokolade

Pressler, Mirjam, Weinheim 1980, Beltz & Gelberg Verlag

Spannendes Buch, das für lernbehinderte und bedingt auch für geistigbehinderte Jugendliche geeignet ist. Besonders wichtig ist das Buch für Mädchen, die Schwierigkeiten haben, ihren Körper zu akzeptieren. Eine dicke, fünfzehnjährige Gymnasialschülerin, die sich häßlich findet und von der Klassengemeinschaft ausgegrenzt erlebt, findet ihren ersten Freund und gewinnt Selbstvertrauen. Das Buch wurde vom Institut für Film und Bild in Wissenschaft und Unterricht verfilmt, und im Beltz & Gelberg Verlag ist ein kleines Lehrerhandbuch erschienen.

Friedrich und Friederike

von der Grün, Max, Hamburg 1985, rororo rotfuchs

Witzig und peppig geschriebenes Jugendbuch, das sich als Gesprächsgrundlage für lernbehinderte Jugendliche eignet. In einer Großstadt im Ruhrgebiet erleben zwei Fünfzehnjährige viele, nicht immer ganz ungefährliche Abenteuer. Ganz unmerklich verwandelt sich dabei eine Kinderfreundschaft in eine zarte, aber durchaus nicht romantisch kitschige Liebesbeziehung.

Heimlich ist mir unheimlich

Wachter, Orallee, Berlin 1991, Donna Vita

Vier kurze Geschichten mit unterschiedlichen Mißbrauchssituationen, einfach geschrieben mit jeweils einem Bild zur Geschichte. Den Kindern wird deutlich, welche Situationen nicht in Ordnung sind, und wie sie sich daraus befreien können. Für leicht geistigbehinderte und lernbehinderte Kinder geeignet.

Anschauungsmaterialien

PRO FAMILIA Verhütungskoffer

Alle gängigen Verhütungsmittel, einen Holzpenis, Anschauungsmaterialien zur Menstruationshygiene, ein Kunststoffspekulum und verschiedene Broschüren sind übersichtlich in Klarsichtboxen in einem Koffer geordnet. Bei PRO FAMILIA kann dieser ausgeliehen oder über die Vertriebsgesellschaft bestellt werden.

Beckenmodelle

Ein weibliches und männliches Beckenmodel in natürlicher Größe mit horizontalen Schnittbereich sind bei PRO FAMILIA zu entleihen und zu bestellen.

Holz- oder Kunststoffpenisse

Bei PRO FAMILIA (auch als Klassensatz aus Styropor), der Firma London Rubber Company GmbH (hier gibt es auch Kondome) oder im Sexshop und Sexversand.

Materialien zur Menstruationshygiene

Tampons, Binden und Schautafeln sind bei der Firma Johnson & Johnson kostenlos zu bestellen.

Poster

18 Poster zur Entwicklungsphysiologie vom Kind zum Erwachsenen sind bei Johnson & Johnson kostenlos zu bestellen.

Unterschiedliche Puppenmodelle

Drolys – Handpuppen

Unterschiedlich große Handpuppen, die mit einem Wechselset (Klettverbindung von Haaren, Augen, Kleidern, Geschlechtsteilen) immer wieder verändert werden können und sich in der Diagnostik- und Kindertherapie bewährt haben. Seit kurzem gibt es auch Puppen mit Down-Syndrom. Alle Puppen sind beim Donna Vita Verlag erhältlich.

Teach – A – Bodies

Puppen in unterschiedlichen Größen mit allen Körperöffnungen, Geschlechtsmerkmalen und Kleidung zu bestellen bei Donna Vita.

Max und Lisa

Die männlichen und weiblichen Puppen mit Geschlechtsorganen sind zu beziehen bei Spielball-Theater, Köln.

Adressenverzeichnis

Donna Vita Fachhandel und Verlag
Ruhnmark 11
24973 Maasbüll

Johnson & Johnson GmbH
Informationsdienst
Kaiserswerther Str. 270
40474 Düsseldorf
Tel.- Nr. 0311/ 43050

London Rubber & Company GmbH
Postfach 343
Am Woltershof 46
41066 Mönchengladbach
Tel.- Nr. 02161/ 63466

Pro Familia Bundesverband
Cronstettenstr. 30
60322 Frankfurt /Main
Tel.- Nr. 069 / 550901

Pro Familia
Vertriebsgesellschaft mgh & Co KG
Niddastr. 76
60329 Frankfurt / Main
Tel.- Nr. 069/ 251930

Spiel – Theater
Alte Wipperfürther Str. 59
51065 Köln
Tel.-Nr. 0221/ 694176

Wildwasser
Beratung und Selbsthilfe bei
sexuellem Mißbrauch
Walluferstr. 1
65197 Wiesbaden
Tel.- Nr. 0611/808619

Zartbitter Köln e.V.
Stadtwaldgürtel 89
50935 Köln
Tel. -Nr. 0221/405780

Ihre Praxis ist unser Programm!

Freiarbeit mit Geistigbehinderten!
Geht das denn überhaupt?
Ein Erfahrungsbericht mit Materialsammlung, Übungsbeispielen, Tips und Anregungen
von Mechthild Raeggel / Christa Sackmann
1997, 152 S., 16x23cm, br,
ISBN 3-8080-0382-0, Bestell-Nr. 3629, DM 39,80

Einladung zum Lernen
Geistig behinderte Schüler entwickeln Handlungsfähigkeit in einem offenen Unterrichtskonzept
von Dorothee Schulte-Peschel / Ralf Tödter
1996, 224 S., 16x23cm, br,
ISBN 3-8080-0368-5, Bestell-Nr. 3627, DM 39,80

Übungsreihen für Geistigbehinderte:

Freiarbeit macht Spaß
Hinführungsmöglichkeiten / Materialien / Anregungen für die Unterrichtspraxis
von Monika Köhnen
1997, 56 S., DIN A4, geh,
ISBN 3-8080-0385-5, Bestell-Nr. 3630, DM 19,80

Geistigbehinderte lernen Möglichkeiten Freier Arbeit im Bereich UMZG kennen
von Sabine Heidjann
2. Aufl. 1995, 68 S., DIN A4, geh,
ISBN 3-8080-0280-8, Bestell-Nr. 3611, DM 19,80

Portofreie Lieferung auch direkt durch:

 verlag modernes lernen *borgmann publishing*

Hohe Straße 39 • D - 44139 Dortmund
☎ (0180) 534 01 30 • FAX (0180) 534 01 20

Übungsreihen für Geistigbehinderte

◆ Lehrgang A: Umgang mit Mengen, Zahlen und Größen

Heft A1: Susanne Dank
Geistigbehinderte lernen die Uhr im Tagesablauf kennen
2. Aufl. 1991, 76 S., Format DIN A 4, geh
ISBN 3-8080-0207-7   Bestell-Nr. 3602, DM 18,80

Heft A3: Ursula Waskönig / Christiane Hardtung
Geistigbehinderte benutzen Hohlmaße
„Wir messen ab mit Löffel, Tasse und Meßbecher"
1994, 72 S. (davon 39 Kopiervorlagen), Format DIN A 4, geh,
ISBN 3-8080-0305-7   Bestell-Nr. 3620, DM 24,80

Heft A5: Susanne Dank
Geistigbehinderte lernen den Umgang mit dem Längenmaß
2. Aufl. 1995, 84 S., Format DIN A 4, geh
ISBN 3-8080-0262-X   Bestell-Nr. 3609, DM 18,80

Heft A7: Sabine Heidjann
Geistigbehinderte lernen Möglichkeiten Freier Arbeit im Bereich UMZG kennen
2. Aufl. 1995, 68 S., Format DIN A4, geh
ISBN 3-8080-0280-8   Bestell-Nr. 3611, DM 19,80

Heft A8.1-A8.2: Franziska Reich
Anbahnung des Zahlbegriffs bei Geistigbehinderten:
Heft A8.1: Theoretische Einführung
1993, 40 S., Format DIN A4, geh
ISBN 3-8080-0288-3   Bestell-Nr. 3613, DM 19,80

Heft A8.2: **Geistigbehinderte lernen Voraussetzungen zum Zählen (Reihenbegriff und Zahlbegriff "1")**
2. Aufl. 1996, 44 S., Format DIN A4, geh
ISBN 3-8080-0289-1   Bestell-Nr. 3614, DM 19,80

Heft A8.3: **Geistigbehinderte lernen zählen**
1995, 48 S., Format DIN A4, geh
ISBN 3-8080-0290-5   Bestell-Nr. 3615, DM 19,80

◆ Lehrgang B: Sprache

Heft B1: Susanne Dank
Geistigbehinderte lernen ihren Namen lesen und schreiben
3. unveränd. Aufl. 1995, 40 S., Format DIN A 4, geh,
ISBN 3-8080-0298-0   Bestell-Nr. 3601, DM 17,80

Heft B2: Anneliese Berres-Weber
Geistigbehinderte lesen ihren Stundenplan
Bilder lesen und Handlungen planen
1995, 190 S., davon 116 S. Kopiervorlagen, Format DIN A4, im Ordner
ISBN 3-8080-0302-2   Bestell-Nr. 3622, DM 78,00

◆ Lehrgang E: Arbeitslehre

Heft E1: Barbara Hasenbein
Geistigbehinderte nähen mit der Nähmaschine
1996, 112 S., viele Kopiervorlagen, Format DIN A4, br
ISBN 3-8080-0361-8   Bestell-Nr. 3626, DM 29,80

● Bitte fordern Sie unser Gesamtverzeichnis an!

◆ Lehrgang G: Sport

Heft G1: Rudolf Lause
Geistigbehinderte erlernen das Schwimmen
2. Aufl. 1994, 52 S., Format DIN A 4, geh
ISBN 3-8080-0273-5   Bestell-Nr. 3610, DM 19,80

Heft G2: Rudolf Lause
Geistigbehinderte erleben das Wasser
1992, 40 S., Format DIN A 4, geh
ISBN 3-8080-0306-5   Bestell-Nr. 3621, DM 18,80

Heft G3: Rudolf Lause
Geistigbehinderte Schüler spielen ausgewählte Ballspiele
1994, 56 S., Format DIN A 4, geh
ISBN 3-8080-0327-8   Bestell-Nr. 3624, DM 19,80

◆ Lehrgang D: Lebenspraktisches Training

Heft D1: Susanne Dank
Geistigbehinderte pflegen ihren Körper
Fitneß-Training / Hygiene / Herstellung von Kosmetika
3., unveränd. Aufl. 1995, 79 S., Format DIN A 4, geh,
ISBN 3-8080-0303-0   Bestell-Nr. 3603, DM 19,80

Heft H2: Monika Köhnen
Freiarbeit macht Spaß
Hinführungsmöglichkeiten / Materialien / Anregungen für die Praxis
1997, 56 S., Format DIN A 4, geh
ISBN 3-8080-0385-5   Bestell-Nr. 3630, DM 19,80

◆ Lehrgang F: Wahrnehmungsförderung

Heft F1-F5: Anneliese Berres-Weber
Geistigbehinderte üben kognitive Fähigkeiten und Fertigkeiten:
Heft F1: **Einführung zu den Formen Kreis und Dreieck**
2. verb. Aufl. 1995, 43 S., Format DIN A 4, geh
ISBN 3-8080-0286-7   Bestell-Nr. 3604, DM 17,80

Heft F2: **Arbeitsmaterial zu Kreis und Dreieck**
1991, 140 Blatt, Format DIN A 4, Block
ISBN 3-8080-0246-8   Bestell-Nr. 3605, DM 24,80

Heft F3: **Einführung z. d. Formen Quadrat u. Rechteck**
1992, 64 S., Format DIN A 4, geh
ISBN 3-8080-0247-6   Bestell-Nr. 3606, DM 17,80

Heft F4: **Arbeitsmaterial zum Quadrat**
1992, 124 Blatt, Format DIN A 4, Block
ISBN 3-8080-0248-4   Bestell-Nr. 3607, DM 24,80

Heft F5: **Arbeitsmaterial zum Rechteck**
1992, 132 Blatt, Format DIN A4, Block
ISBN 3-8080-0249-2   Bestell-Nr. 3608, DM 24,80

◆ Lehrgang H:

Heft H1: Ute Schimpke
Ganzheitlicher Anfangsunterricht
„Wir werden ein Abenteuerzirkus – Wir bauen eine Insel – Wir bauen einen Spielplatz"
1995, 44 S., Format DIN A 4, geh
ISBN 3-8080-0322-7   Bestell-Nr. 3623, DM 19,80

verlag modernes lernen - Dortmund
Hohe Straße 39 · D-44139 Dortmund ☎ (0180) 534 01 30 • FAX (0180) 534 01 20